Indice

Introduzione

La capacità di riconoscere le opinioni degli altri (e le relative argomentazioni) è fondamentale nel mondo di oggi, considerando la "Babele" di messaggi che ci tempestano ogni giorno dai mass media. Altrettanto importante è la capacità di esprimere il proprio pensiero e di farlo valere rispetto alle opinioni, talvolta divergenti, degli altri. Tutto questo diventa ancora più difficile quando ci si esprime in una lingua che non è la nostra, specialmente quando si comunica con parlanti nativi, rispetto ai quali siamo (o ci sentiamo) inferiori non solo per le competenze linguistiche ma anche per le conoscenze di tipo socioculturale.

Che sia dunque indispensabile favorire lo sviluppo della funzione argomentativa è ben chiaro ai docenti di italiano così come agli studenti, anche se spesso questo si realizza solo in generiche attività di "discussione" o "conversazione" in classe. Quello che manca sono spesso gli strumenti di lavoro e le linee teoriche specifiche per realizzare questo obiettivo in un contesto formativo.

Pensando prevalentemente allo studente straniero adulto, abbiamo individuato, dopo uno spoglio intensivo di riviste e quotidiani italiani, 20 temi di attualità su cui non sempre le opinioni sono concordi, tanto meno quelle riportate dalla stampa. Ognuna di queste tematiche è stata riassunta in una domanda leggermente provocatoria, tale da stimolare nell'interlocutore come risposta immediata un "Sì" o un "No". Qualche esempio: "L'astrologia è una scienza?", "La gelosia fa bene all'amore?", "Le droghe leggere vanno legalizzate?", e via dicendo.

Ad ognuno di questi 20 temi corrisponde una sezione del libro, composta da un titolo e un'immagine, da una serie di articoli e da una scaletta di argomenti a favore o contro il tema centrale.

Il titolo e l'immagine

Nella prima pagina di ogni sezione compare la domanda-guida sul tema controverso affrontato dagli articoli selezionati nelle due pagine seguenti, accompagnata da un'immagine emblematica riferita all'argomento. Questa pagina può essere utilizzata dal docente nella fase di motivazione dell'unità didattica, per stimolare un'attività di brain-storming con la classe (sul titolo, sull'immagine, sul tema o su un suo aspetto) ed attivare così le preconoscenze sull'argomento dal punto di vista linguistico e socioculturale (aree semantiche, impliciti culturali diversi nella cultura di partenza e in quella di cui si studia la lingua). Lo scopo è anche quello di favorire la capacità di formulare ipotesi e di facilitare la comprensione dei testi scritti presentati nelle pagine successive.

Gli articoli selezionati

Nella seconda e terza pagina di ogni sezione sono raccolti alcuni articoli brevi (o parti di articoli). Si tratta di una selezione di testi focalizzati su un *tema* controverso, capaci di stimolare una presa di posizione da parte del lettore, o che comunque si prestano ad una serie di osservazioni relative ai pro e ai contro. Questi brani, tratti da una vasta gamma di riviste e quotidiani (di cui forniamo un prospetto nell'elenco delle pubblicazioni utilizzate), offrono un panorama di quelli che sono i temi di discussione più attuali nell'Italia contemporanea e come tali possono fornire anche occasioni di approfondimento di tipo socioculturale, oltre che linguistico.

La *funzione comunicativa* fondamentale dei testi selezionati è quella argomentativa, che si realizza nel presentare una o più tesi da un punto di vista soggettivo o oggettivo. Alcuni riportano un'opinione chiaramente a favore o contro il tema centrale della sezione, altri si limitano a descrivere, narrare o esporre situazioni e fatti. Sarà compito dell'insegnante individuare i testi più adatti al tipo di attività che deciderà di svolgere con la classe, fermo restando lo scopo primario di sviluppare negli studenti la capacità di argomentare oralmente e per scritto.

Per quanto riguarda il *canale comunicativo*, sono stati scelti testi scritti, tratti da pubblicazioni non specialistiche, ma sarebbe utile che il docente potesse disporre anche di altri materiali audio- e videoregistrati sullo stesso tema (conversazioni autentiche, telefonate, brani di film, dibattiti radiofonici o televisivi centrati sullo stesso argomento). Per le possibili applicazioni didattiche del materiale contenuto in questo testo rimandiamo alla *guida per l'insegnante*.

I brani selezionati possono essere definiti *autentici*, nel senso che si tratta di testi tratti da giornali e riviste italiani, non indirizzati a stranieri e tanto meno creati con fini didattici; tuttavia, sono stati operati tagli e impaginazioni tali da renderli più comprensibili e più facilmente utilizzabili per fini glottodidattici. In particolare abbiamo preferito articoli *brevi* (intorno a un massimo di 500 parole), o parti di articoli più lunghi, purché contenenti uno o più nuclei informativi chiaramente individuabili: l'insegnante potrà scegliere quelli più idonei per uno sfruttamento intensivo, riservando gli altri ad attività di tipo diverso.

Le sezioni tematiche non sono graduate, dal momento che i testi sono di vario grado di *difficoltà* linguistica e culturale (a livello di scelte lessicali, ma anche di struttura della frase e di impliciti contenuti nel testo), tutti comunque adatti a studenti di livello intermedio e avanzato (con alle spalle un minimo di 150-200 ore di apprendimento della lingua e cultura italiana).

Gli articoli sono accompagnati frequentemente da *illustrazioni e grafici*, in modo da fornire ai docenti anche degli elementi nonverbali come strumento su cui costruire le attività didattiche (dalla motivazione, alla comprensione, alla produzione orale e scritta); tutti riflettono comunque (con pochi adattamenti) l'impaginazione originale del giornale da cui sono tratti, risultando gradevoli e di facile lettura.

Le scalette dei pro e dei contro

La quarta ed ultima pagina di ogni sezione tematica contiene una scaletta di argomenti a favore e altrettanti contro la tesi riassunta nella domanda-guida. Si tratta di un elenco di brevi frasi, ciascuna delle quali potrà essere il punto di partenza per un discorso orale o scritto da fare sviluppare agli studenti. Molte delle argomentazioni così presentate sono tratte dagli stessi articoli riportati nella sezione tematica, altre riflettono opinioni diffuse nell'Italia contemporanea, essendo state tratte dai giornali analizzati a vasto raggio per la selezione dei testi.

I destinatari e gli obiettivi di apprendimento

Questo volume è stato pensato per aiutare il docente di italiano (come lingua seconda in Italia, come lingua straniera fuori d'Italia, ma anche come madrelingua) che intenda sviluppare nei propri studenti la capacità di:
- analizzare testi scritti in italiano con funzione argomentativa su temi controversi di grande attualità nella società italiana contemporanea,
- argomentare in italiano, sia oralmente che per scritto, esprimendo in maniera logica e chiara la propria opinione, e valendosi dei pro e dei contro per affermare la propria tesi in maniera antagonistica contro quelle di altri o collaborativa a sostegno di tesi affini.

Considerate le tematiche individuate per ogni sezione e il livello di difficoltà dei testi, ci sembra che il volume sia adatto a studenti adolescenti o adulti, con competenze medio-alte di italiano (può trattarsi di studenti stranieri con un minimo di 150-200 ore di apprendimento di italiano alle spalle, ma anche di studenti di madrelingua italiana che frequentano la scuola superiore).

Il volume può essere utile come sussidio da affiancare al normale libro di testo, per favorire le attività di discussione in classe e l'elaborazione di testi argomentativi (per esempio come guida alla produzione scritta di temi di attualità); come testo di base nei corsi di conversazione, specialmente per stranieri adulti; come testo per l'autoapprendimento, per chi intenda esercitarsi sulla comprensione di articoli giornalistici.

È possibile l'amicizia tra un ragazzo e una ragazza?

Il punto di vista dei ragazzi

SI!

Anche se non c'è attrazione fisica, una persona del sesso opposto ci può piacere tanto da esserle sempre vicini e complici, da confidarle tutti i nostri segreti... Ma non è facile resistere alla tentazione di innamorarsene.

Test →

Sei davvero un'amica per il tuo amico?

Rispondi alle domande che seguono e scopri se, per caso non sei un pochino innamorata del tuo migliore amico...

" È possibile un ragazzo e

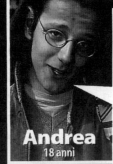

«Mi è successo. Ma penso che un rapporto di amicizia tra uomo e donna diventi più facile quando si è grandi».

Andrea
18 anni

«Certo, chiaramente. Anzi a me con le donne sono capitati quasi esclusivamente rapporti d'amicizia!».

Gabriele
17 anni

«Sì, è certamente possibile. Almeno, nella mia esperienza è andata così».

Alberto
15 anni

Carlo
17 anni

«Sì, ma è difficilissimo, perché spesso finisce che ci si piace troppo».

«Sì, ma non è per niente semplice: spessissimo subentra l'attrazione fisica».

Michelangelo
19 anni

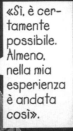

«Sì, ma soltanto se non ci si piace proprio per niente».

Daniele
19 anni

A cura di Paola Maraone - Foto di M. Barletta/Contrasto

8

**Stasera andrete in-
sieme al cinema...**
❶ Ti metti quel che capi-
ta: con lui ti puoi rilassare.
❷ Ti vesti carina, ti piace
esserlo anche con lui.
❸ Adori quando ti fa i
complimenti: sarai al top.
**Ti chiede di presen-
targli una tua amica:**
❶ Non c'è problema.
❷ Un po' ci soffri, ma sai
che poi sarai contenta.

❸ Non se ne parla!
**C Ti piace da morire un
nuovo ragazzo:**
❶ Glielo dici subito.
❷ Aspetti a dirglielo di
esserne proprio sicura.
❸ Sai che ne sarà geloso.
**D Quando siete con gli
altri amici...**
❶ Vi divertite!
❷ Spesso siete vicini, ma
non certo appiccicati!
❸ Non lo perdi di vista.

Risultato:

Maggioranza di ❶
Non c'è rischio di complica-
zioni, almeno da parte tua:
siete proprio "amici e basta".

Maggioranza di ❷
Un po' di gelosia e di possessività tra amici è normale. Ma
sei sicura che sia solo questo?

Maggioranza di ❸
Occhio, la tua amicizia puzza
un po' di bruciato. C'è forse
qualcosa (tu, lui?) che cuoce?

NO!

«Se due si trova-
no bene tra
loro, inevitabilmen-
te cercheranno
di approfondire
il rapporto...».

Alessandro
19 anni

'amicizia tra
una ragazza?

BOH!

Damiano
17 anni

«No, per-
ché alla
lunga, da
parte di
uno o del-
l'altra, si
manifesta
un interes-
se di altro
genere».

Giovanni
18 anni

«È possibile, ma con una
certa difficoltà. E se poi
uno dei due vuole un'altra
cosa, l'amicizia si distrugge.
E si recupera a fatica».

Dario
18 anni

«Penso che dipenda
dai casi. A me è capitato
qualche volta, anche
se dovendo rispondere
istintivamente alla
domanda direi "no,
non lo credo possibile"».

E tu cosa ne pensi?

Daniele Bossari, 23 an-
ni, di Milano, è il nuovo
vj di Mtv. Lavora anche
nel weekend a Radio DJ.

❝ Non credo che
esista: basta
un interesse
minimo, l'idea
che forse quel-
la ragazza ti
piace, e l'a-
micizia è
già altro ❞

È possibile l'amicizia tra un ragazzo e una ragazza?

PRO

1. L'attrazione fisica e l'amicizia sono due cose completamente diverse.
2. Si può essere amici solo se l'altro (o l'altra) non ci piace proprio fisicamente.
3. Alcune persone ispirano proprio solo l'amicizia nei rappresentanti dell'altro sesso.
4. L'amicizia va al di là delle differenze fra sessi.
5. Se ho un amico (o un'amica) non lo vedo come un possibile partner, è un amico e basta.
6. Fra gli amici dello stesso sesso si crea spesso la competizione: solo un amico dell'altro sesso ti fa sentire libero di essere te stesso.
7. Avere un amico di sesso opposto, che sa restare nei limiti dell'amicizia ma che, volendo, potrebbe diventare qualcosa di più, è estremamente eccitante.
8. È possibile solo da bambini.
9. Gli interessi comuni possono essere più forti di qualsiasi implicazione sentimentale.
10. L'amicizia blocca l'attrazione fisica: non si può fare l'amore con qualcuno che ti conosce fino in fondo nell'anima.
11. Solo le ragazze riescono a stare bene con un ragazzo, ma come amico e basta.

CONTRO

1. Le persone gelose prima o poi rompono un'amicizia con una persona del sesso opposto: non riescono ad ascoltare le confidenze sulle sue "storie".
2. Non è facile resistere alla tentazione.
3. Se c'è attrazione per una persona dell'altro sesso, prima o poi si superano i limiti dell'amicizia.
4. Se due si trovano bene insieme, per forza prima o poi cercano di approfondire il rapporto.
5. Basta solo l'idea che una ragazza o un ragazzo ti piace, e già questo si trasforma in qualcosa d'altro.
6. Solo dalle grandi amicizie sono nati i grandi amori.
7. Se un amico o un'amica si mantiene nei limiti dell'amicizia senza dimostrare minimamente gelosia o interesse nei tuoi confronti, vuol dire che non ti vede proprio come persona, ma solo come una spalla su cui piangere o un bastone a cui appoggiarsi.
8. È contro natura: l'uomo è nato cacciatore.
9. Non è possibile nemmeno da bambini.
10. L'amicizia è spesso il primo passo verso l'attrazione fisica: solo con chi ti conosce fino in fondo nell'anima puoi sentirti a tuo agio anche fisicamente.
11. Se non ci provi almeno un po', l'altro (o l'altra) può pensare di non piacerti, e allora anche l'amicizia va a rotoli.
12. Per i ragazzi è più difficile, perché la vicinanza di una ragazza è di per sé eccitante.

Dobbiamo mangiare solo cibi biologici?

Ma i pesticidi sono anti-tumore

colloquio con Bruce Ames

«Il Ddt? E' una delle più grandi conquiste dell'uomo, paragonabile alla penicillina. I pesticidi diminuiscono i tumori, perché fanno calare il prezzo di frutta e verdura, favorendone un più ampio consumo. Quanto all'epidemia di cancro provocata dagli inquinanti industriali, non esiste: è una falsa notizia diffusa dai santoni dell'ambientalismo, da scienziati di bassa lega e giornalisti privi di senso critico, desiderosi solo di fare scandalo e vendere più copie». La retorica aggressiva è tipica di Bruce Ames, illustre biochimico dell'Università di Berkeley, in California, membro dell'Accademia delle Scienze statunitense e veterano della ricerca sui tumori e l'invecchiamento. E' suo il test usato nei laboratori di tutto il mondo per identificare le sostanze chimiche cancerogene.

Professor Ames, lei afferma che le sostanze chimiche sintetiche che dall'ambiente filtrano nel nostro corpo costituiscono solo un misero uno per cento di tutte le cause dei tumori. Sarà per questo che gli ambientalisti la vedono come il fumo negli occhi?

«Negli Usa si spendono centinaia di miliardi di dollari, circa il 2,5 per cento del prodotto nazionale lordo, in nome dell'ecologia, la nuova religione secolare che fa sentire la gente più buona, perché lotta contro le industrie avide di danaro. In realtà sono tutti soldi sprecati».

Ma molte ricerche scientifiche sono giunte a conclusioni diverse. Come lo spiega?

«Scienziati privi di credenziali serie, accolti dai mass media che vogliono alimentare i fantasmi della gente. Il grande equivoco è nato verificando nei topi il potere cancerogeno delle sostanze chimiche sintetiche. Ma il 40 per cento di questi componenti non sono mutageni, cioè non danneggiano il Dna: il tumore viene invece provocato dalla dose altissima a cui vengono sottoposti gli animali di laboratorio, che accelera la divisione delle cellule. Dall'ambiente, però, l'uomo può assorbire solo dosi infinitesimali».

QUANTI PESTICIDI NEL PIATTO

CAMPIONI TROVATI INQUINATI, 1994	Totale residui (in %)	di cui cancerogeni		Totale residui (in %)	di cui cancerogeni
INSALATA	41,5	24,1	PESCHE	60,0	30,0
PATATE	36,8	n. c.	FRAGOLE	52,5	18,4
POMODORI	27,6	12,4	UVA	66,0	39,0
MELE	61,2	22,0	AGRUMI	56,7	n. c.
PERE	62,2	24,2	ORTAGGI	27,3	n. c.

L'Espresso

Vita*quotidiana*

di ANNA BARTOLINI

Biologico: non è tutto oro

■ Diverse indagini di mercato hanno confermato che gli italiani sarebbero disposti a spendere un 20 per cento in più per l'acquisto di prodotti "puliti", cioè senza residui di fitofarmaci, e che vi sarebbero più consumatori se i prezzi fossero più accessibili. L'agricoltura biologica in Italia sta facendo molta fatica ad emergere, tant'è che il consumo di questi prodotti rappresenta solo lo 0,5% di tutto il settore agroalimentare. Accanto alla produzione biologica si è fatta strada la "lotta integrata" che utilizza risorse e meccanismi di regolazione naturale, quali ad esempio gli insetti antagonisti dei parassiti delle culture. Rimane comunque preponderante la produzione "convenzionale", che utilizza agenti chimici e che è regolamentata per legge.

Se la fiducia dei cittadini nel biologico è grande, un test comparato della rivista *Altro Consumo* ha purtroppo dimostrato che i prodotti biologici sfusi, venduti al dettaglio, non sono migliori degli altri. Si tratta di insalate e mele. Tre campioni di insalata (su 18 biologici esaminati) denunciano la presenza di fitofarmaci e di nitrati. Tra le mele esaminate, 5 campioni su 20 si sono rivelati non conformi alla legge sulla produzione biologica. Tra l'altro, le sostanze rinvenute sarebbero tranquillamente tollerate se si trattasse di prodotti convenzionali. Inoltre, nel periodo in cui i campioni sono stati acquistati, le differenze di prezzo erano rilevanti: l'insalata biologica costava il 150% in più di quella convenzionale e le mele l'85% in più di quelle trattate.

Non si ha l'assoluta garanzia, acquistando un prodotto biologico sfuso, che sia del tutto pulito. Vanno intensificati i controlli e identificati i trasgressori, che con la loro scarsa serietà vanificano l'impegno di chi lavora correttamente.

Gioia

Arrivano i cibi manipolati. E sulla soia pazza è allarme

Resistente agli erbicidi, promette raccolti eccezionali. Mentre sono già annunciati i pomodori non deperibili e l'olio che abbassa il colesterolo. Gli ambientalisti, però, denunciano rischi per la salute

GENI NEL PIATTO

Ecco alcuni dei cibi biotecnologici che stanno per arrivare in Italia:

• "Flavr-Savr", il pomodoro che resta sodo per settimane. Ha un gene che rallenta il naturale processo di rammollimento.

• "Euromelon", il melone selezionato dalla Scuola superiore di agronomia francese. Ha un gene che blocca gli enzimi della fermentazione.

• Patata anti-grassi, con un gene che le fa assorbire il 60 per cento in meno dell'olio di frittura.

• Olio di ravizzone abbassa-colesterolo: grazie a un trapianto genetico, trasforma i grassi saturi in insaturi, con un effetto benefico sul colesterolo.

• Mais: manipolato nel DNA per farlo diventare resistente ai parassiti.

lo

Pomodori che non marciscono. Olio che trasforma il colesterolo da "cattivo" in "buono". E, ultima nata, la soia super-resistente ai diserbanti. Sulle nostre tavole stanno arrivando nuovi alimenti transgenici. Manipolati geneticamente in laboratorio, questi cibi biotecnologici hanno qualità straordinarie, che i vegetali naturali non possiedono. Ma c'è il rischio che nascondano qualche insidia. Sui cibi transgenici è ormai guerra aperta tra produttori, consumatori e associazioni ambientaliste, Greenpeace in testa. Il primo match lo aprirà l'Unione Europea, che entro fine anno deve decidere se autorizzare, e come regolamentare, la vendita di due prodotti biotecnologici: il mais e la soia. A suscitare maggiori preoccupazioni è proprio la soia, creata grazie all'inserimento di un gene di petunia e resistente ai più potenti erbicidi. Questo significa che i campi coltivati a soia transgenica possono essere abbondantemente cosparsi di diserbanti per eliminare le erbe infestanti, riuscendo così a produrre sino a sette volte più di quelli coltivati tradizionalmente. Dunque una soia ad alto rischio di residui chimici. Che potrebbero passare nei numerosi alimenti in cui è presente come ingrediente: latte, olio, gelati, maionese, pane, dolci, bibite. Molti dei quali consumati dai bambini. Nessuno conosce le conseguenze a lungo termine dell'alimentazione transgenica, e in proposito anche gli esperti sono divisi.

L'INSURREZIONE DEI GRANDI CHEF

"Il pomodoro che non marcisce mai? Già abbiamo le ciliegie a Natale che non hanno il profumo di maggio", commenta Gianfranco Vissani, uno dei più noti chef italiani. "Frutta e verdura vanno colte al momento della maturazione. O finiremo per mangiare con le pastiglie". "Forse una mela manipolata geneticamente è più buona di una biologica col verme. Ma io preferisco l'ultima", è il parere di Fulvio Pierangelini del mitico ristorante "Il Gambero Rosso".

Se in Italia i cuochi non si sono ancora posti il problema, negli Usa invece in duemila hanno dichiarato guerra ai cibi manipolati geneticamente. Loro leader è Rick Moonen capochef all'esclusivo ristorante di New York "Manhattan Club". L'abbiamo intervistato.

"Come cuoco ho delle responsabilità" ci ha risposto. "Ci sono clienti che soffrono di allergie alimentari, altri che non possono consumare alcuni cibi per motivi dietetici o religiosi. Non posso rischiare di servire a un vegetariano una verdura in cui siano stati impiantati geni presi da un animale".

" Boicotterò il cibo transgenico. Trovo più eccitante cucinare frutta e verdura di stagione".

Dobbiamo mangiare solo cibi biologici?

PRO

1. Frutta e verdura sono avvelenate dai pesticidi.
2. Le carni sono piene di ormoni, estrogeni ed antibiotici.
3. Le aziende alimentari cercano solo di far profitti sofisticando i cibi.
4. Le autorità sono complici nel non segnalare e rendere pubblici i numerosi casi di infezioni e sofisticazioni alimentari.
5. Negli ultimi anni in Europa sono triplicati i casi di malattie trasmesse con i cibi.
6. Nutrire i nostri bambini con cibo alterato chimicamente può provocare gravi danni a lungo andare.
7. Il governo deve facilitare e sovvenzionare i produttori di cibi biologici.
8. Se ci fossero più prodotti biologici sul mercato i prezzi crollerebbero.
9. Gli animali d'allevamento sono tenuti in condizioni crudeli.
10. I beta-agonisti (farmaci per le malattie asmatiche) usati per aumentare la massa di muscoli e diminuire il grasso del bestiame possono provocare rischi ai cardio-patici.
11. La diossina contenuta nei cibi può spiegare la crescente infertilità maschile e femminile.
12. Scatolami e cibi conservati hanno un alto quantitativo di nitrati dannosi: bisogna rieducare i consumatori ad una sana alimentazione.
13. Le colture transgeniche, resistenti agli erbicidi, spesso producono dei raccolti con alti residui chimici.

CONTRO

1. Sono troppo costosi. È un lusso per pochi privilegiati.
2. I pesticidi fanno calare il prezzo di frutta e verdura e così ne favoriscono il con-sumo.
3. Per la propria salute è meglio mangiare molta frutta e verdura trattata, piuttosto che poca biologica.
4. Sono cibi brutti da vedere: la frutta è ammaccata e le verdure si conservano male, sono impresentabili a tavola.
5. Il cibo transgenico garantirà prodotti di alta qualità.
6. La gamma di prodotti biologici disponibile è molto limitata.
7. Fanno arricchire gli agricoltori che spesso consegnano un prodotto raramente "pulito" e non conforme alle leggi sulla produzione biologica.
8. I conservanti chimici consentono di mantenere i cibi più a lungo: sono fonte di risparmio.
9. I residui chimici contenuti nei cibi sono presenti in quantità minima.
11. Il danno causato dai pesticidi è una falsa notizia diffusa dagli ambientalisti.
12. Ai topi di laboratorio si somministrano dosi altissime di pesticidi pr suffragare false ricerche.
13. Negli alimenti esistono sostanze naturali che possono provocare patologie nei topi di laboratorio proprio come le sostanze chimiche artificiali.
14. Il cibo biologico è una moda passeggera; è più impellente il problema della fame nel mondo.

Le celebrità hanno diritto alla privacy?

9 SETTEMBRE 1997 • N. 36 • ANNO XLI • SETTIMANALE DI POLITICA, ATTUALITÀ E CULTURA • SPED. ABB. POST. COMMA 26 ART. 2 LEGGE 549/95 • MILANO • RUSCONI EDITORE   L. 3.000

GENTE

Edizione Straordinaria

LA TRAGEDIA DI DIANA E DODI

● Il fratello della principessa: "L'hanno uccisa"
● La disperazione di Carlo e Camilla: ora possono sposarsi ma non volevano essere felici a questo prezzo

Vita privata e pubblica immagine:
Diritto di privacy?

Dopo un'estate all'insegna del vip nudo in copertina,
con relative polemiche, resta un dubbio:
ma è proprio tutta colpa dei giornali?
E le vittime sono sempre innocenti?

Los Angeles, arrestato il ragazzo che era con l'attore

Eddie Murphy sorpreso in auto con un trans

NEW YORK — Lo hanno fermato come Hugh Grant: in auto, su una strada a nord di Los Angeles, in compagnia di una prostituta. Ma a differenza del collega inglese, Eddie Murphy non aveva assoldato una donna, bensì un transessuale con il seno al silicone, i capelli lunghi e le calze a rete. Il ventunenne Atisone Seiuli è stato arrestato dallo sceriffo della metropoli californiana per prostituzione. L'attore nero è stato rimesso in libertà: ma non gli sarà facile spiegare al pubblico di mamme e bambini le sue preferenze sessuali.

La Repubblica

Amanda Sandrelli. «Dovrebbe esistere anche da noi un diritto all'immagine come esiste in tanti Paesi. Io accetto le foto, sono un personaggio pubblico, va bene, ma essere inseguita persino sulla spiaggetta deserta scelta con cura per stare un po' in pace lontano dagli sguardi di tutti è incredibile. Ma allora uno che deve fare, andare in spiaggia col "bomber"? In venti giorni di mare capita una volta che ti devi cambiare il costume. L'anno scorso mi hanno beccato con il pezzo sopra del bikini e senza il pezzo sotto. Sì, una nuova moda... mi stavo levando i sassi dallo slip. Ho detto chi se ne frega, perché uno non si può rovinare la vita per queste cose, però non posso neanche sentirmi perseguitata. Sai quante volte mi hanno proposto di fare delle foto finte ma come se sembrassero vere? "Così almeno vieni meglio", dicevano.

Grazia

Il paparazzo della Dolce vita: che gusto dare la caccia ai Vip

ROMA — Tazio Secchiaroli, il re dei paparazzi, il fotografo che ha ispirato «La dolce vita» di Fellini, ormai ha 72 anni. È uscito dal giro, però difende i suoi colleghi: «Di me si è detto che ero un *bounty killer*, un cecchino, una mitraglia. Confesso che provavo gusto a dare la caccia ai personaggi famosi. Li braccavamo con un senso di rivalsa. Noi morti di fame, loro ricchi e famosi, con le belle donne, gli alberghi di lusso. I fattorini e i portieri stavano dalla nostra parte, ci passavano le informazioni. Era una solidarietà proletaria». Sostiene Secchiaroli che la preda fosse complice del cacciatore: «Mastroianni andava a mangiare fuoriporta e nessuno lo fotografava. Se non vuoi farti riprendere, eviti Saint Tropez, Portofino, la Costa Smeralda e gli Champs Elisées. La verità è che questi personaggi respingono il fotografo, ma inconsciamente lo cercano. Perché il fotografo dimostra che loro esistono».

Il Corriere della Sera

Lui Lady Diana: una riflessione sulla sua privacy violata è d'obbligo

La vicenda di Lady Diana, guardata con occhi asciutti, può insegnarci alcune cose. Sulla privacy delle celebrità, per esempio, ma non solo.

Mi chiedo che cosa sarebbe accaduto se Dodi Fayed e Diana Spencer, uscendo dal Ritz di Place Vendôme, avessero deciso di posare dieci minuti per i fotografi: probabilmente sarebbero ancora vivi. Hanno scelto invece di fuggire a 180 all'ora per le strade di Parigi, e sappiamo com'è finita. Sui fotografi è calata l'indignazione del mondo: sciacalli, iene, e via dicendo. Qualcosa di vero, in queste accuse, c'è: l'asta per le macabre immagini dell'incidente mostra con chi abbiamo a che fare. Passata l'emozione del momento (Diana era una persona di casa, da 16 anni ce le proponevano in tutte le salse), credo però sia opportuno riflettere. Sulla privacy, per esempio, per la quale è bene che ognuno di noi decida, in coscienza, le sue regole. Vi dico qual è la mia: in una casa, dentro un albergo, in un ospedale o in una scuola, un personaggio ha il diritto di essere lasciato in pace (questo non si applica solo ai reali inglesi: va-

beppe severgnini

le anche per le microcelebrità che popolano le nostre serate tv). In un luogo pubblico, invece, i personaggi pubblici devono sapere che potranno essere fotografati. Non vorrei sembrare cinico – non lo sono – ma se una coppia intende nascondersi, non esce dal Ritz di Parigi per andare al ristorante o al night. Se lo fa, e se della coppia fa parte la donna più riconoscibile del mondo, le teste si gireranno, i commenti si sprecheranno, i flash scatteranno. Non può non succedere.

Il caso di Diana, lo ammetto, è particolare: come ha detto Stefano Rodotà, il garante italiano della privacy, la principessa era soggetta a un vero "accanimento informativo". In altre parole, veniva perseguitata. Tuttavia, non riesco a levarmi dalla testa questa scena: Diana e Dodi davanti al Ritz, in posa per cento fotografi. Da quel momento sarebbero stati lasciati (un po' più) in pace: una fotografia che li avesse ritratti insieme felici sarebbe stata valutata 20 dollari. La fotografia che li ritrae insieme morenti vale invece un milione di dollari. Che cosa aggiungere? Speriamo che non la comperi nessuno.

Io donna

Scandalo a Hollywood

Quando la bella Divine mise in crisi il fidanzato della Hurley

Era la notte tra il 26 e il 27 giugno '95, quando in una via secondaria del Sunset Boulevard gli agenti della Buoncostume sorpresero l'attore Hugh Grant, 34 anni allora, in «atteggiamenti lascivi» con la prostituta di colore Divine Brown, ventitreenne. Grant venne trattenuto per qualche ora e poi rilasciato: ma da quel momento si rovesciò una valanga scandalistica su di lui e sulla fidanzata, la top model inglese Liz Hurley (nella foto).

Il Corriere della Sera

Le celebrità hanno diritto alla privacy?

3

PRO

1. Vip e politici sono vittime dei pettegolezzi della gente.
2. Il vouyerismo collettivo va contenuto.
3. La vita privata di un politico o regnante non riguarda i cittadini.
4. Quello che conta sono le azioni pubbliche dei politici e non quelle private.
5. Non c'è nessun legame tra comportamenti privati e onestà nel governare un paese.
6. Giornalisti e fotografi inventano storie assurde solo per far lauti profitti.
7. I lettori dei giornali di pettegolezzi sono più scandalosi di coloro che vi sono ritratti.
8. Il gusto del vasto pubblico è deformato.
9. Chi gira nudo nella propria casa o ha amanti ha diritto alla sua privacy.
10. Perché continuare a far arricchire i perfidi cronisti rosa?
11. Perché continuare a leggere i giornali scandalistici quando ci sono problemi ben più seri di cui ci si dovrebbe occupare?
12. Il moralismo e il puritanesimo dei giornali scandalistici sono tipici delle culture arretrate.
13. I personaggi famosi hanno diritto di fare ciò che vogliono della loro vita, l'importante è non nuocere a nessuno.

CONTRO

1. Vip e politici traggono pubblicità e consensi dall'eccessiva attenzione dei media.
2. Il pubblico non va colpevolizzato: è l'informazione che lo bombarda con i pettegolezzi.
3. I personaggi che hanno un'immagine pubblica non guadagnerebbero tanto se i mass media non li pubblicizzassero.
4. Vip e politici cercano di colpire l'opinione pubblica con comportamenti immorali per far parlare di sé.
5. Non sono vittime di fotografi e giornalisti: dovrebbero stare più attenti.
6. Se un regnante o un politico conduce una vita privata indecorosa è molto probabile che non sia un onesto governante.
7. Gli scandali di politici e regnanti gettano discredito sulla reputazione dell'intera nazione.
8. Meglio rovinare la carriera di un politico o un regnante immorale che tenerlo al potere.
9. Che esempio danno alle giovani generazioni?
10. Sono diseducativi: è bene punirli con lo scandalo.
11. Spesso sono gli stessi vip che si mettono d'accordo con i fotografi per avere un po' di pubblicità gratuita sui giornali.
12. Chi intraprende la carriera dello sport ad alto livello, chi lavora nello spettacolo, chi sposa un personaggio famoso: tutte queste persone sanno in partenza a quali rischi vanno incontro.

Bisogna abolire la caccia?

Il falso protezionismo dei cacciatori

Riceviamo e volentieri pubblichiamo la seguente nota della L.A.C.

"L'U.N.A.V.I. (Unione Nazionale Associazioni Venatorie Italiane) si è fatta promotrice di una raccolta di firme per una proposta di legge di iniziativa popolare sulla "protezione della fauna selvatica e regolamentazione della caccia". Come i cacciatori vogliano "proteggere" la fauna selvatica è facilmente intuibile!

Per questa iniziativa sono stati preparati volantini pubblicitari intestati C.O.N.I. e F.I.d.C. (Federazione Italiana della Caccia), nei quali si esorta a firmare per proteggere la natura e per dimostrare chi sono i "veri difensori degli animali".

Che i cacciatori ingannassero se stessi e gli altri, professandosi "amanti della natura" ed "ecologi", già lo sapevamo; che adesso si mettessero anche a raccogliere firme è una novità che comunque non ci stupisce. Infatti tutte le iniziative di regolamentazione della caccia che le associazioni venatorie hanno promosso negli ultimi anni, sono state sempre il frutto dello spauracchio di un referendum incombente, salvo poi svanire nel nulla non appena tale referendum veniva bocciato dalla Corte Costituzionale.

WWF Toscana

Un cacciatore colpito accidentalmente da un compagno nel Mugello
Battuta al cinghiale, un morto

20

Cari amici del Club,

Tempo fa, sulle pagine de La Stampa, apparve un articolo di Mario Rigoni Stern nel quale i frequentatori a diverso titolo dei boschi di montagna (raccoglitori di funghi e bacche, ciclisti, escursionisti domenicali) erano accusati di fare molto più danno dei cacciatori, solitamente attenti e rispettosi della fauna selvatica e della natura. Si scatenò un putiferio. Rigoni dovette replicare e molti lettori accolsero l'invito di Oreste Del Buono, che gestisce la rubrica delle Lettere, di partecipare al dibattito. Anch'io intervenni dicendo grosso modo che in realtà la caccia, come ogni cosa, non è né buona né cattiva. Dipende dall'uso che se ne fa. La distruzione di animali rari è un crimine. La gioiosa domenicale uccisione di fagiani da voliera non è bella, non è poetica, non è biologica, ma non fa danno. Il controllo attraverso il fucile di specie animali versatili e a grande valenza come i cinghiali, è d'obbligo. Così come è salutare il controllo delle popolazioni di caprioli, cervi, camosci attraverso la caccia di selezione come intervento sanitario sui soggetti deboli e defedati e come possibilità per riequilibrare i rapporti fra classi di età e sessi. Quando per una malintesa pietà animalista, o peggio, per pura e semplice demagogia, non si fanno prelievi selettivi, allora poi si deve intervenire in maniera molto più cruenta e definitiva con abbattimenti di massa come è stato fatto nelle zone protette della Mandria e di San Rossore.

Una «buona caccia» produce invece fauna e ambiente. Si possono non amare i cacciatori, ma le cifre parlano da sole. Tanto per fare un solo esempio, nell'immediato dopoguerra si contavano in Trentino-Alto Adige poche centinaia di caprioli e camosci. Il cervo era quasi estinto. Oggi, grazie ad una saggia gestione, si censiscono ogni anno oltre quarantamila camosci, sessantamila caprioli e dodicimila cervi. E tutto questo, non «malgrado», ma «grazie» a un prelievo che si può valutare intorno al 20 per cento delle popolazioni di questi ungulati. Al contrario, la demagogica chiusura della caccia alla marmotta - che oltre ad essere predata dall'aquila è a sua volta una formidabile distruttrice di covate - ha provocato la quasi totale sparizione di coturnici e pernici bianche. Questa è la verità. Ma ognuno è libero di commuoversi all'idea di una natura disneyana dove non esistono conflitti e gli animali muoiono solo di vecchiaia.

in bocca al lupo! *Bruno Modugno*

Diana

SALVIAMO I TOPI!
La Lega per l'abolizione della caccia lombarda contesta la derattizzazione dei giardini di Milano messa in atto dall'amministrazione comunale di questa città ed annuncia che distribuirà ai topi mangime addizionato con vitamina K, antidoto ai veleni anticoagulanti. Beati i gatti!

21

La caccia va messa fuori legge?

4

PRO

1. Uccide animali innocenti e indifesi.
2. Risveglia istinti aggressivi atavici.
3. Può provocare l'estinzione di certe razze.
4. I cacciatori inesperti fanno danni alla natura e spesso provocano incidenti fra loro.
5. È un divertimento senza senso.
6. Danneggia l'ecosistema.
7. Spesso si uccide un animale solo per la pelle/la pelliccia/i denti.
8. È una forma di tortura terribile per gli animali che sono feriti e non muoiono subito.
9. I piccoli lasciati nei nidi e nelle tane rimangono senza cibo.
10. I cacciatori amano gli animali... da morire!
11. Esalta il mito delle armi e il loro mercato.
12. Andare in giro con dei fucili è un hobby per frustrati.
13. Spesso i cacciatori sono crudeli con i loro cani che vengono soppressi se non fanno un buon lavoro.

CONTRO

1. Fornisce carni sane e pregiate (non alterate con ormoni o sostanze chimiche)
2. Uccide animali dannosi o in sovrappiù.
3. Permette di avere un contatto con la natura.
4. La caccia dà la possibilità di scaricare lo stress della vita moderna.
5. I cacciatori sono attenti all'ecosistema, lo conoscono bene e lo amano.
6. I cacciatori amano gli animali ed in particolare i propri cani.
7. Fa risvegliare l'istinto primordiale del predatore naturale.
8. È un sano divertimento.
9. Non si danneggia l'ecosistema quando si caccia nelle riserve.
10. Alcuni animali possono difendersi (es. caccia grossa).
11. Basterebbe mettere delle regole per vietare la caccia ad animali in pericolo di estinzione.
12. La "buona caccia" produce fauna e ambiente.
13. Bisogna distinguere tra caccia e bracconaggio.
14. I gitanti della domenica fanno molti più danni all'ambiente.

L'astrologia è una scienza?

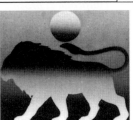

AL DI LÀ

L'astrologia ha radici antichissime ed è nata insieme all'astronomia. Ambedue rispondevano al desiderio dell'uomo di conoscere il proprio futuro, di avere una guida alle proprie azioni e di conoscere la natura e le origini dell'universo, la ragione degli allora misteriosi moti dei pianeti, la natura delle lontanissime stelle. È vero: l'astrologia ha avuto anche delle intuizioni, sull'unità dell'universo, che oggi vengono confermate e dalla fisica e dall'astrofisica: queste indicano la generale validità delle leggi fisiche e l'uniformità di composizione chimica. Ma anche senza dimostrazioni statistiche, non ha alcun senso pensare che l'essere nati quando un dato pianeta si trovava proiettato in una data costellazione possa in qualche modo influenzare il nostro carattere o addirittura tutta la nostra vita.

Oggi sappiamo stimare masse e distanze di stelle e pianeti, sappiamo misurare la quantità e la qualità di radiazioni elettromagnetiche, le particelle che sono emesse, i loro campi magnetici e renderci così conto che, a causa delle enormi distanze delle stelle, a causa della piccola massa ed energia emessa dai pianeti, il loro effetto fisico sulla Terra è completamente trascurabile. Invece, quanta importanza abbiano sul carattere e sulla vita di una persona l'ambiente in cui nasce, l'educazione ricevuta, il suo fisico – bello o brutto, sano o malato – non c'è bisogno di dimostrarlo.

Che il Sole e il clima possano avere un effetto sul carattere è anche questo da dimostrare. Però non si può certo escludere a priori. Il Sole è la fonte di vita della Terra, tutti gli esseri viventi sono sottoposti al ciclo circadiano, all'alternarsi del giorno e della notte. Quindi è del tutto verosimile che il nascere in una stagione piuttosto che in un'altra possa avere un'influenza sul fisico e sul carattere. La difficoltà di provarlo sta nel distinguere questa eventuale causa da tutte le altre che influiscono sulla formazione di un essere umano, e a cui ho già accennato: ambiente familiare e sociale, condizioni economiche, educazione, salute, aspetto fisico eccetera.

M. Hack, Al di là, CICAP

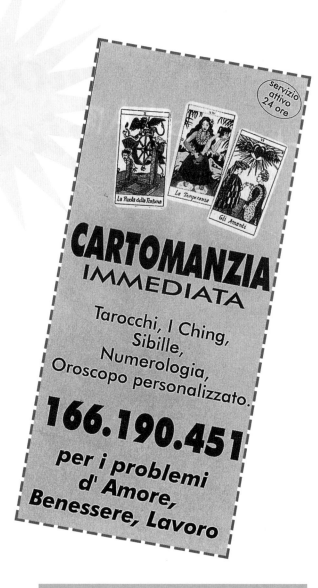

II. Breve valutazione dell'astrologia nel suo complesso

Per poco che si rifletta si vede subito che l'astrologia è del tutto inaccettabile almeno per quattro motivi.

Il primo riguarda la *centralità della terra nell'universo.*

Il secondo motivo riguarda i quattro elementi di cui sarebbe formata la realtà materiale: Fuoco, Terra, Aria ed Acqua.

Com'è possibile aderire ad una simile affermazione alla vigilia del 2000?

Il terzo motivo riguarda l'influsso degli astri sulle singole persone.

Di che natura è tale influsso? È un influsso dato il quale la persona non può non agire o agire diversamente? Se si risponde di sì ne viene eliminata la libertà, con tutto ciò che tale eliminazione comporta. Se si risponde di no, rimane da precisare l'entità dell'influsso, la sua natura, i soggetti che ne sono coinvolti.

Il quarto motivo per il quale diciamo di no all'astrologia riguarda il momento nel quale gli astri eserciterebbero sugli esseri umani il loro influsso determinante, ossia il momento della nascita.

Ma come mettiamo d'accordo tutto ciò col concetto e la realtà del nascere? Una modesta riflessione ci dice che il nascere non cambia l'essere del nascituro, ma solo lo trasferisce dal grembo materno alla luce del giorno; dopo la nascita abbiamo lo stesso essere che avevamo prima, solo che prima l'avevamo nel grembo della madre, dopo l'abbiamo tra i comuni viventi.

In particolare come la mettiamo con le conquiste della genetica, i cromosomi e i geni, il patrimonio genetico, ecc.?

G.B. Guzzati "Inchiesta sull'occulto e il paranormale", Piemme

Perché non ci credo

«Credo nell'astrologia perché ho smesso di credere in Dio» mi ha risposto il 43% di intervistati durante la mia inchiesta. In un mondo secolarizzato il richiamo della magia riaffiora continuamente e il fascino dell'occulto si rinnova con successo. Peccato che oggi i rappresentanti del pensiero esoterico non abbiano né il prestigio né l'autorevolezza culturale che avevano i dotti teorici dell'ermetismo, dell'alchimia e dell'astrologia nelle raffinate corti del Rinascimento, né degli artisti *fin de siècle*. Oggi la magia, anche se assolve una funzione consolatoria e talvolta sortisce effetti psicosomatici non trascurabili, pure spinge i veggenti e i loro clienti in regioni nebulose di menzogne condivise, che nulla hanno a che fare con la spiritualità. Incapace di pensare al mistero, la magia odierna pretende di dissolverlo, intervenendo sulla realtà con riti, cerimonie, talismani, sortilegi che legittimano nel mago e nei suoi seguaci una bugiarda onnipotenza.

G. Gatto Trocchi "La magia" Newton Compton

● Psicologi contro zodiaco

«Chi crede nell'astrologia può anche incorporare nella propria personalità elementi tipici del proprio segno», aggiunge Luccio. Due psicologi americani hanno fatto leggere ad alcuni volontari la descrizione della loro personalità secondo le stelle, poi hanno chiesto loro di compilare un test caratteriale: i risultati sono stati chiaramente influenzati dai profili che le persone avevano letto.

Un diverso esperimento è stato realizzato da Shawn Carlson, dell'università di Berkeley: scelto un gruppo di studenti, ha chiesto loro tutti i dati di nascita e ha fatto preparare ad alcuni astrologi la descrizione zodiacale della loro personalità. Ogni studente ha poi ricevuto tre descrizioni e ha cercato di identificare la propria, compresa fra le tre. Contemporaneamente, agli astrologi sono stati forniti, per ogni studente, tre profili stilati sulla base di test psicologici: il loro compito era individuare quello di ogni soggetto conoscendone la data di nascita. In entrambi i casi, le risposte giuste sono state una su tre: in pratica, secondo le leggi statistiche, come se avessero scelto a caso.

Focus

Ed ecco il vostro profilo astrale

Focus ha realizzato un profilo zodiacale personalizzato per ogni lettore. Come ha fatto? La risposta è, rovesciata, in fondo alla pagina. Prima di leggerla, controllate però quanto corrisponde il profilo al vostro carattere.

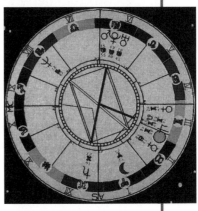

Personalità. Alcune delle tue aspirazioni tendono a essere poco realistiche. A volte sei estroverso, affabile, socievole, mentre altre volte sei introverso, diffidente e riservato. Hai scoperto che in alcuni casi non è saggio rivelarsi troppo apertamente agli altri. Sei un pensatore indipendente e non accetti l'opinione degli altri senza prove soddisfacenti. Preferisci una certa quantità di cambiamenti e varietà e ti senti insoddisfatto se ti trovi di fronte a restrizioni. A volte dubiti di aver preso la decisione migliore o fatto la cosa giusta. Disciplinato e controllato all'esterno, dentro di te tendi a essere ansioso e insicuro.

Sesso. Il tuo adattamento sessuale ha presentato qualche problema. Pur avendo qualche debolezza di personalità, sei generalmente in grado di compensarle. Hai capacità inespresse che non hai ancora diretto a tuo vantaggio. Tendi a essere critico verso te stesso. Hai un forte bisogno di piacere e di essere ammirato da chi ti circonda.

L'ABBIAMO FATTO COSÌ

Vi siete riconosciuti, almeno in parte? Non stupitevi. Questo testo da Massimo Polidoro, del Cicap. Si chiede a un gruppo di studenti di fornire data e ora di nascita, per preparare un profilo astrologico della loro personalità studiando segno e ascendente. In seguito, a tutti viene consegnata una busta, con il proprio nome, contenente il profilo perso-

nalizzato e viene chiesto di valutare quanto sia accurato. Molti dichiarano che l'analisi è precisa, alcuni la trovano perfetta. Alla fine, vengono invitati a scambiare il profilo con il vicino. E solo a questo punto si scopre che è identico per tutti. Il segreto è quello degli oroscopi: apparentemente precisi, in realtà molto generici. Potete provare a rifare l'esperimento, durante una festa o una cena in famiglia.

Focus

25

L'astrologia è una scienza?

PRO

1. Nascere in una stagione invece che in un'altra porta degli influssi sul carattere del neonato.
2. L'astrologia esiste da 4000 anni.
3. Le caratteristiche generali di un segno corrispondono spesso al carattere di chi è di quel segno.
4. L'astrologia antica ha avuto delle intuizioni poi confermate dalla fisica.
5. La luna influisce sulla vita della terra (maree, cicli femminili): perché non dovrebbero farlo gli altri astri?
6. Le previsioni degli astrologi spesso si avverano.
7. Gli studi astrologici sulle epoche passate dimostrano che a quadri astrali simili corrispondono eventi storici analoghi (guerre, calamità naturali, nascita di personalità eccezionali, ecc.)
8. Molti capi di stato e personalità della politica, della finanza, del mondo dello spettacolo consultano gli astrologi prima di prendere delle decisioni importanti.
9. Moltissimi quotidiani e riviste (anche molto seri) oggi offrono settimanalmente le previsioni astrologiche segno per segno.
10. L'astrologia è ufficialmente accettata presso molte culture anche ai nostri giorni (Cina, Brasile)
11. Molte ditte utilizzano i profili astrologici dei candidati ad un impiego per decidere chi assumere.

CONTRO

1. L'astrologia si basa sul concetto dell'uomo al centro dell'universo, ma sappiamo che in realtà la Terra non è affatto al centro del cosmo.
2. L'astrologia valuta gli influssi degli astri sulla persona al momento della nascita, non del concepimento, cioè il vero momento della costituzione di un'essere umano nuovo.
3. Le stelle sono così lontane da noi, che il loro effetto fisico sugli esseri umani è del tutto trascurabile.
4. Gli oroscopi (sempre generici, anche se apparentemente specifici) sono fatti in modo che tutti ci si possano almeno in parte riconoscere.
5. L'avverarsi delle previsioni degli astrologi dipende dalle leggi della casualità.
6. È dimostrato che la realtà materiale non è costituita dai quattro elementi fondamentali (fuoco, terra, aria, acqua) come sostengono gli astrologi.
7. Gli oroscopi giornalieri spesso si contraddicono da un giornale all'altro.
8. Se le caratteristiche generali del segno non corrispondono, si può sempre dare la colpa all'ascendente o al fatto di essere nati il giorno in cui finisce un segno e ne comincia un altro ("cuspide").
9. Le profezie degli astrologi "si avverano" perché di solito ricordiamo solo quelle giuste, non quelle sbagliate.
10. La gente legge gli oroscopi e si rivolge agli astrologi per il bisogno di rassicurarsi in un mondo di grandi incertezze: conoscere il futuro è sempre stata un'aspirazione umana.
11. L'astrologia si basa su principi mai provati scientificamente, è un enorme giro d'affari che fa fortuna sfruttando le insicurezze della gente.

È immorale dire bugie?

Dire bugie, fare la spia, vendicarsi. Sono atti moralmente gravi? Lo abbiamo chiesto ai grandi filosofi

È umano

B. Pascal (1623/1662)

L'uomo non è che menzogna e ipocrisia. Lo è per natura, perché l'amor proprio gli impone di amare solo se stesso, ma non lo rende cieco: l'uomo sa benissimo di essere pieno di meschinità e imperfezioni, e il suo amor proprio lo induce a concepire un odio mortale contro questa verità che lo mette di fronte ai suoi difetti. Così comincia a nasconderli, a se stesso e agli altri. La conseguenza? Tutti noi uomini, in gradi diversi, siamo contrari alla verità. L'unione tra gli uomini è proprio fondata sull'ipocrisia e sull'apparenza esteriore.
(da "Pensieri", 130: "L'amor proprio - La vanità")

È gravissimo

M. de Montaigne (1533/1592)

Mentire vuol dire andare contro la propria coscienza, prima ancora che contro la verità. Chi deforma la realtà spesso non riesce a tenere dietro alle proprie bugie e finisce per confondersi, dovendo cambiare continuamente la versione dei fatti sui quali ha mentito. La menzogna dunque è un maledetto vizio, che andrebbe punito senza misericordia. Nello stesso tempo però è un vizio talmente difficile da scardinare che io stesso, se dovessi salvarmi da un pericolo estremo con una bugia, non sarei sicuro di riuscire a vincere me stesso.
(da "Saggi", I, 9: "Dei bugiardi")

● ● ● ● ● ● ● ● ● ● ● ● ●

Noi, le grandi bugiarde

 Siamo un gruppo di ragazze molto affiatate. Frequentiamo la stessa scuola, cerchiamo di passare le vacanze insieme e, come capita a tutte le amiche, ci raccontiamo tutto, specie le cose di cui non osiamo parlare con i genitori. Insomma, tra noi c'è la massima confidenza e sincerità. Con un'eccezione: Laura, la più giovane, racconta un sacco di bugie, anche quando non ne ha motivo, o non sono assolutamente necessarie. Abbiamo provato a spiegarle che questo suo atteggiamento è sciocco, che in questo modo perde di credibilità. Ma non c'è nulla da fare».

Liceale perplessa

La bugia sistematica, cara liceale, non è una colpa ma un sintomo. Non possiamo considerarlo come un peccato, seppur veniale, in quanto chi mente di continuo, indipendentemente dai suoi interessi, è obbligato a farlo da una ingiunzione inconscia che sfugge al suo controllo. Per lui mentire è necessario per sopravvivere, e ti spiego perché. È per difendere il suo fragile Io che il bugiardo si avvolge come un'ostrica nel guscio delle menzogne.

E quando gli altri, magari a fin di bene, lo smentiscono, lo accusano, lo fanno sentire colpevole, ottengono soltanto di confermare la minaccia di invasione e la necessità di depistare il persecutore, cioè il nemico, ingannandolo. Se così stanno le cose, mi sembra importante garantire al bugiardo cronico il diritto alla sua intimità. E in linea di massima, comunque, il sé va sempre considerato come un sacrario di cui nessuno ha diritto di violare il segreto.

lo

Sincere bugie

Avranno anche le gambe corte, ma è un difetto irrilevante, vista la quantità di bugie che si raccontano. Grandi o piccole, maligne o innocenti, costellano la nostra vita. I campioni della frottola, vuole il luogo comune, sono i politici, ma un importante contributo viene certo anche dalla pubblicità. Insomma mentire sembra ormai diventato un peccato veniale, e la differenza tra menzogna e verità si fa più sfumata. Anche perché una bugia spesso costa poco ma risolve grandi problemi. «È semplicistico separare troppo nettamente bugia e verità», interviene Valentina D'Urso, docente di Psicologia all'università di Padova. «Anche se la menzogna è un'alterazione deliberata della verità per interesse personale, non sempre offende la realtà». Ci sono infatti molti modi per mentire: magari senza negare i fatti, ma omettendo alcune informazioni importanti. «La menzogna in qualche modo si nutre della verità, la elabora, la trasforma», scrive la psicologa Gianna Schelotto in *Perché diciamo le bugie* (Mondadori), combinazione di saggio e racconto sulle infinite sfumature della menzogna. E infatti sin da bambini sperimentiamo quanto sia labile il confine tra verità e bugia. «Quelle dei piccolissimi sono innocenti perché loro non distinguono tra realtà e fantasia», afferma Paolo Veronesi, psicoterapeuta e giudice onorario del Tribunale dei minorenni di Milano. «Quelle dei ragazzi invece assumono una valenza diversa: rappresentano un modo per conquistarsi l'autonomia dai genitori. Oppure la sfida a un'educazione troppo rigida. In quel caso, sarebbe meglio domandarsi se stiamo allevando nostro figlio nel modo giusto». Dunque la bugia può essere un modo per comunicare verità difficili da accettare. Bugie dette al malato per non togliergli ogni speranza. Raccontate a se stessi per difendersi dalle proprie insicurezze. Buone anche per alimentare l'amore, come quelle degli innamorati, che servono ad azzerare i difetti dell'amato o a nascondere il tradimento. E che trovano sempre qualcuno disposto a crederci per non sentirsi ingannato davvero.

Ma non solo: diciamo bugie per salvare le apparenze, o rispettare le convenienze. Quelle frasi come "È stato fantastico", "nessun disturbo", "solo un piccolo pensiero", tanto preziose nella vita di ogni giorno. L'eccesso di sincerità, infatti, è pericoloso quanto la bugia. «Non di rado si trasforma in gaffe e spesso è il segnale di difficoltà ad avere rapporti corretti con gli altri», sottolinea la professoressa D'Urso. Ma allora, come comportarsi? Risposta quasi impossibile. L'unica, forse, è tentare di mantenersi in equilibrio tra menzogna e verità. Senza dimenticare che per gli altri è comunque doloroso sapersi ingannati. **Loredana Cafulli**

---

le bugie di lui e di lei

LUI PROTEGGE SE STESSO, LEI PROTEGGE LUI

● Gli uomini considerano la bugia uno strumento di "potere": la usano per ottenere vittorie a breve termine, per evitare il confronto, per non essere colti in flagrante e per risolvere i problemi. Sono davvero pochi i partner che si tormentano per la loro disonestà verso le compagne e minimizzano il possibile danno e la sofferenza che arrecano alla partner con le loro bugie.
● Mentre lui protegge la propria libertà e autonomia, lei tiene in gran conto i sentimenti del partner.
● Le donne sono più propense a preservare la relazione da possibili urti o conflitti e a mentire a scopo protettivo. Benché sia sbagliato, lei si assume ogni responsabilità pur di non offendere l'altro dichiarando esplicitamente giudizi negativi, rabbia e insoddisfazione.
● Lei preferisce sorvolare sulle cose sgradevoli per non ferire l'Io fragile dell'altro oppure per mantenere in piedi la relazione.
● Anche un uomo può mentire per questi motivi, ma in genere lo fa in termini strategici: per vincere, per trarre vantaggio o per evitare polemiche.

Donna Moderna

Bugie & verità

Aldous Huxley

● Gli uomini sono sempre sinceri. Cambiano di sincerità, ecco tutto. **Tristan Bernard** *(1866-1947), commediografo francese.*

● La verità è che la verità cambia. **Friedrich Nietzsche** *(1844-1900), filosofo tedesco.*

● La verità, come la luce, acceca. La menzogna, invece, è un bel crepuscolo, che mette in valore tutti gli oggetti. **Albert Camus** *(1913-1960), scrittore francese.*

● Non si mente mai così tanto come prima delle elezioni, durante la guerra e dopo la caccia. **Otto von Bismarck** *(1815-1898), statista tedesco.*

● La verità è un simbolo perseguito da matematici e filosofi. Nei rapporti umani, la bontà e le menzogne valgono più di mille verità. **Graham Greene** *(1904-1991), scrittore inglese.*

● Grande è la verità, ma ancora più grande, da un punto di vista pratico, è il silenzio sulla verità. **Aldous Huxley** *(1894-1963), scrittore inglese.*

● A me è sempre piaciuto contraffarmi e mentire. Tutto ciò che contiene un'ipocrisia mi seduce. **Gesualdo Bufalino** *(1920-1996), scrittore.*

● Non sono sincero nemmeno quando dico che non sono sincero. **Jules Renard** *(1864-1910), scrittore francese.*

● Non esistono verità medie. **Georges Bernanos** *(1888-1948), scrittore francese.*

Focus

È immorale dire bugie?

PRO

1. Chi dice bugie, anche di poco conto, dimostra di essere una persona poco limpida, di cui è meglio non fidarsi.
2. Le persone veramente oneste odiano mentire, anche nelle piccole cose.
3. La cultura dei "furbi" condanna a parole la disonestà, poi nei fatti vive di bugie.
4. Una persona consapevole cercherà di evitare le bugie, senza bisogno di dire per forza una verità a volte sgradevole.
5. Dire la verità può fare male a volte, ma alla lunga è sempre meglio perché dimostra un animo sincero, che ha il coraggio della propria coerenza.
6. Chi è sincero nelle questioni di poca importanza, a maggior ragione lo sarà in quelle più importanti, nelle storie affettive, nel lavoro: è come un vestito mentale.
7. Chi sa essere sempre sincero, con sé e con gli altri, sviluppa poi la massima autostima.
8. Solo chi ha fiducia in se stesso riesce a non ricorrere ai sotterfugi per andare avanti, perché sa di poter raggiungere i propri scopi senza barare: perciò non è un gran merito se una persona del genere non dice bugie.
9. Dire bugie agli altri ed essere creduti dà un grande senso di potere: questo è estremamente condannabile.
10. Dire bugie costringe ad un autocontrollo costante, per evitare di contraddirsi.

CONTRO

1. Si può, anzi, si deve mentire se può servire a non fare del male agli altri (perché rispondere all'amica che il suo vestito è orrendo quando ti chiede se ti piace?)
2. Non tutte le bugie sono uguali: in molti casi sono assolutamente innocenti e non vanno certo condannate.
3. Chi può dire di non aver mai mentito? È assurdo fare i moralisti in questo campo.
4. Dire la verità anche quando questa può creare gravi conseguenze per sé e per gli altri è segno di rigidità e ottusità mentale.
5. Chi non ha fiducia in se stesso deve ricorrere ai sotterfugi per andare avanti e conquistarsi almeno la fiducia degli altri: non è colpa sua, perciò non si può condannare.
6. Certi tipi di menzogne aiutano a sopravvivere e evitare di essere aggrediti dagli altri: servono da autodifesa.
7. Ci sono bugie che non offendono necessariamente la realtà: per esempio quando si omettono certi fatti, senza negarli.
8. La verità non esiste. Tutto è relativo.
9. Le bugie non vanno condannate: sono un sintomo di disagio, una sfida agli altri, un modo per dire "Ecco, io sono qui" oppure "Io mi difendo".
10. L'eccesso di sincerità può indicare anche grossolanità, incapacità di gestire i rapporti sociali.

TV e videogiochi sono nocivi?

Polemiche sui crimini copiati dallo schermo

LA TIVÙ ASSASSINA

■ *Senza la televisione, secondo uno studio svolto per l'Università del Michigan, ogni anno negli Stati Uniti ci sarebbero 10.000 omicidi in meno, 70.000 stupri in meno, 700.000 aggressioni in meno. La violenza offerta da schermi piccoli e grandi non è spettacolo né catarsi. I collegamenti fra fiction e realtà sono evidenti, ma nessun regista o attore o produttore accetterebbe mai, in nome della libertà di espressione, una così pesante responsabilità sociale.*

Famiglia Cristiana

TV: COME SOPRAVVIVERE

1) Non lasciate mai i bambini da soli davanti alla Tv. 2) Concordate con i bambini quanto tempo ogni giorno può essere dedicato alla Tv. 3) Evitate che il televisore sia acceso durante le ore dei pasti. 4) Non privateli della Tv come castigo. 5) Scoraggiate l'utilizzo del telecomando per realizzare un multiprogramma. 6) Evitate che i bambini facciano i compiti seguendo la televisione. 7) Evitate che i bambini dispongano di un video in camera loro. 8) Rinunciate a vedere la televisione in vacanza. 9) Utilizzate i programmi televisivi visti dai bambini come stimolo per attività che li coinvolgano direttamente. 10) Date voi stessi il buon esempio. I bambini daranno alla televisione lo stesso valore che gli attribuirete voi! Per imitazione! Perciò spetta a voi, per primi, usare la Tv con parsimonia. (Da «Il bambino che addomesticò il televisore»).

Sorrisi e canzoni TV

Sant'Elena. Come sono i bambini senza video? I sorprendenti risultati di un esperimento condotto nell'isola dell'Atlantico, dove fino a un anno fa i network non trasmettevano

di Gabriele Porro Foto di Franco Pizzochero

Un "paradiso" in cui ragazzi e insegnanti mostrano alti interessi e grande intesa: reggeranno all'impatto del video?

N ell'era del villaggio globale esiste ancora un villaggio reale, al "riparo" dai mezzi di comunicazione, che ignora l'esistenza di cinema e quotidiani, treni e aerei. Non è una remota radura nella giungla, bensì un lembo civilissimo, benché lontano dalla madrepatria, della nazione inglese: l'isola di Sant'Elena. 121 km quadrati dispersi nell'Atlantico del Sud, "di fronte" alle coste dell'Angola, popolati da 6mila cittadini britannici, resi celebri nella storia dall'esilio di Napoleone, che lì trascorse gli ultimi 6 anni di vita, dal 1815 al '21.

I risultati sono eccezionali: per il primo ciclo di istruzione, cioè per i ragazzini di 7 e 8 anni (il campione analizzato è di 83 studenti), il grado di approvazione dei comportamenti (scolastici e sociali, presi complessivamente) è del 76% contro il 24% di disapprovazione. Per il ciclo di scuole intermedie, tra i 169 studenti "sondati" di 9-10 anni e i loro 9 insegnanti si rileva complessivamente un feeling di poco inferiore, con il 62% di approvazione contro il 38% di disapprovazione. Risultati molto anomali, se si considera che analoghe rilevazioni in Inghilterra mostrano un grado di notevole disapprovazione dei comportamenti (soprattutto sociali) degli allievi da parte degli insegnanti (addirittura il rapporto è di 3 a 1). Ma le cifre si fanno straordinarie quando si passa al grado di coinvolgimento dei ragazzi nelle attività scolastiche, che a Sant'Elena è del 96% per i piccoli e del 92% per i più grandi. Insomma, i dati parlano di un indiscutibile appeal della scuola e delle sue attività per i bambini, non "distratti" all'esterno dalla presenza, assai ingombrante, della tv

La tv, una finestra sul mondo

PUÒ EDUCARE, AIUTARE A CAPIRE, STIMOLARE LA FANTASIA. BASTA SAPERLA CONTROLLARE. È L'ULTIMA PROVOCATORIA TESI DEGLI STUDIOSI RIUNITI A PARIGI PER IL FORUM DELL'UNESCO

Chi ha paura della televisione? Di sicuro non i bambini, attratti a calamita da questo magico caleidoscopio animato, che forse non accende la fantasia, ma li fa sentire meno soli. E neppure gli adolescenti, che tendono spesso a snobbarla, dopo l'overdose accumulata nell'infanzia. Sono gli adulti invece a vedere in questo simbolo della comunicazione di massa il vero lupo cattivo del nostro tempo. Una visione destinata però a venire modificata. A tentare di ridimensionare i danni della tv e a trasformarla in un mezzo utile per la crescita giovanile, sarà il prossimo Forum internazionale, patrocinato dall'Unesco, "Giovani e mass media" che si terrà a Parigi dal 21 al 25 aprile.

UNA GRANDE LIBERTÀ DI SCELTA

Dice Elisabeth Auclaire, presidente del Gruppo di ricerca bambini e media (Greem) e promotrice del congresso insieme al Consiglio superiore degli audiovisivi di Parigi: «Quando si parla dell'influenza della tv sui giovani si pensa sempre a cose terribili: come la violenza. È importante invece valutare quali sono le nostre responsabilità nel far sì che questo mezzo di comunicazione non passi sopra le loro teste. Ma diventi uno strumento di conoscenza, l'indispensabile finestra aperta sul mondo». Se la tv può apparire come un mostro dalle sette teste, pronto a divorare le persone culturalmente meno agguerrite, a cominciare dai bambini, è perché in fondo la conosciamo ancora troppo poco.

Fanno bene? Fanno male? Dal prossimo autunno per ognuno ci saranno limiti d'età

GIOCHI PERICOLOSI PER VISTA E PSICHE

Una ricerca condotta presso l'università di Edimburgo ha infatti accertato che un'"immersione" di almeno dieci minuti nella realtà virtuale induce uno stress visivo che equivale a ben otto ore di permanenza di fronte allo schermo di un computer. Mal di testa, nausea, visione sfocata sono solo alcuni degli effetti secondari riscontrati nel gruppo di adulti sottoposti al test. In un articolo che riferiva questi risultati, il quotidiano inglese *Independent on Sunday* ha lanciato l'allarme: la proliferazione di videogiochi immersivi - prima nei luoghi pubblici e poi addirittura nelle case - sarebbe micidiale per i ragazzi, notòriamente inclini a farne un uso smodato. Un apparato visivo non ancora pienamente formato, com'è quello dei bambini sotto i dodici anni, rischia lo strabismo e altri danni permanenti.

Gli studiosi di cibernetica sanno bene di cosa stiamo parlando. Nei paesi anglosassoni la chiamano *cybersickness*: una sindrome che somiglia un po' al mal d'auto, un po' al malessere che prende dopo un giro sulle montagne russe.

Il segreto del successo? Essere protagonisti

Al di là di luci e suoni spettacolari, che cosa rende i videogiochi tanto attraenti? Gli esperti concordano nell'identificare il loro fascino soprattutto nella possibilità che ha il giocatore di diventare protagonista attivo dell'immagine su video, piuttosto che suo semplice fruitore. Il sempre maggior realismo delle simulazioni elettroniche, inoltre, permette di usare il gioco addirittura come un "tramite a basso costo" per sperimentare situazioni: come pilotare un aereo, disputare una gara di Formula 1, o organizzare la produzione di un' azienda automobilistica.

Realismo? A volte perfino troppo. E' così che la Elspa (European leisure software publisher association, l'associazione dei produttori dei giochi) ha deciso di darsi un' autoregolamentazione. Poiché molti videogame hanno un alto contenuto di violenza (tipo il Mortal kombat) e talvolta di pornografia, verranno divisi in categorie, e il loro contenuto sarà espressamente indicato sulle confezioni: così che un gioco per adulti non finisca sul video di bambini di dieci anni.

Focus

Tv e videogiochi sono nocivi?

PRO

1. Tolgono la creatività e la capacità di pensare in modo autonomo.
2. Propongono modelli negativi di violenza e competitività ai giovani.
3. Provocano apatia e distacco dalla realtà.
4. Il bombardamento di immagini abbrutisce.
5. Sono dannosi dal punto di vista fisico (radiazioni) e psichico (distorsione della realtà, rischio di crisi epilettiche per soggetti a rischio).
6. Le persone stanno isolate in casa a guardare la TV o a giocare al computer, diventano asociali.
7. Attraggono le menti più deboli e impediscono loro di dedicarsi ad altre attività più formative (letture, sport, ecc.)
8. Possono diventare un pericoloso strumento di propaganda politica o indurre atteggiamenti pericolosi (violenza, razzismo, ecc.).
9. Certi programmi televisivi sono diseducativi, perché usano il turpiloquio e l'aggressività.
10. I programmi TV sono selezionati in base all'indice di ascolto: è inevitabile che i più intelligenti abbiano orari peggiori.
11. Certi programmi (telenovelas, "TV spazzatura") possono annebbiare le coscienze.
12. Le reti private sono al servizio dei business privati.
13. L'abitudine di guardare la TV per molte ore al giorno induce pessime abitudini alimentari fra giovani e adulti.
14. Se il governo al potere è totalitario, la TV è la sua voce: antidemocratica e poco credibile.
15. I bambini che guardano meno la TV sono più coinvolti nella scuola e in altre attività più creative.
16. TV e videogiochi riducono l'ambito delle esperienze sensoriali alla vista e all'udito: questo è dannoso per i bambini.

CONTRO

1. Fanno risparmiare sul costo di svaghi più costosi.
2. Non se ne deve abusare, come succede con le medicine.
3. Molti videogiochi e molti programmi televisivi sono anche istruttivi: bisogna saper scegliere.
4. Esistono i videoregistratori: i genitori possono selezionare i film più adatti ai figli e mandarli in onda alle ore più giuste.
5. Invece di isolarsi davanti allo schermo si può guardare la TV o giocare al computer con familiari e amici.
6. In realtà i bambini di oggi non sono più attratti dalla televisione come in passato.
7. Il sistema televisivo misto (TV pubbliche e private) garantisce una informazione democratica e in gran parte veritiera.
8. La TV è lo specchio della società: accusarla vuol dire accusare se stessi.
9. Si dice che l'influsso della TV sulle opinioni della gente è troppo forte: come se le persone non avessero autonomia di pensiero!
10. La TV ha una funzione educativa e ci permette anche di vedere film d'autore recenti.
11. I videogiochi permettono all'utente di sentirsi protagonista attivo dell'azione che si svolge sullo schermo.
12. I nuovi videogiochi (p.es. su Internet) stimolano maggiormente la creatività degli utenti.
13. Certi programmi televisivi (via telefono) e certi videogiochi (via Internet) permettono agli spettatori/utenti di partecipare direttamente nei giochi o nelle discussioni proposte.
14. TV e videogiochi offrono degli indispensabili momenti di relax.
15. I videogiochi sviluppano la prontezza di riflessi.

La gelosia fa bene all'amore?

Gelosia, quell'ossessione che divora e corrode

≪ Non riesco a non essere geloso. È un chiodo fisso. Mia moglie è molto bella e quando esce penso: andrà da un altro. Quando rientra, penso: è stata con "lui". Spio tutti i segni che possano rivelarmi la presenza dell'altro. Frugo, annuso, leggo anche gli scontrini della spesa. La presento ai miei amici, ma poi scruto le loro occhiate, e sospetto in continuazione intese alle mie spalle. La tormento: chiedo che confessi, lei nega tutto. Ma io insisto, vorrei i particolari dei tradimenti. Le mie fantasie girano tutte attorno a quest'argomento: lei con un altro o, addirittura, con degli altri. Spesso ci penso anche mentre stiamo facendo l'amore e rivedo come in un film cosa può aver fatto con altri uomini... Sono turbato, ma anche eccitato. Oscillo tra vacanze un po' noiose, noi due soli, e vacanze con gli amici, durante le quali poi mi tormento dalla mattina alla sera. Sono incerto tra "farla vedere" quando andiamo in giro, o chiuderla in casa. Insomma è un inferno».

Giuseppe R., Aosta

Caro amico, sarà anche un inferno (soprattutto per sua moglie), ma è proprio perché queste fiamme le piacciono, le interessano, forse scaldano un sentimento un po' freddo e mentale nei confronti di sua moglie, che lei le attizza con tanta cura. Insomma, la gelosia sostituisce la passione che non c'è. La relazione tra voi, infatti, produce vacanze "un po' noiose". Ma è lei che, come marito, non riesce a prendersi fino in fondo la sua compagna per sé, che non si eccita abbastanza se non ci mette di mezzo la fantasia di altre presenze. Una parte di questa situazione è del tutto fisiologica, un'altra alquanto patologica.

lo Donna

8

Bambini, adulti, anziani. Ogni età soffre di gelosia in modo diverso

● **Amore vuol dir gelosia: lo dice Freud**

A piccole dosi la gelosia riguarda tutti, perché è legata al momento della nascita. Secondo l'interpretazione psicanalitica sorge dalla competizione con il padre, o con gli altri fratelli, per ottenere l'affetto della madre, necessario per vivere, e viene rivissuta ogni volta che si teme di perdere un legame dal quale si dipende emotivamente.

● **Un istinto che aiuta a vivere**

Ma la gelosia è anche un meccanismo utile per la sopravvivenza della specie.

Come mai c'è chi è più e chi meno geloso? «Alcuni studi sul comportamento degli animali hanno rivelato che il capobranco, che in genere possiede tutte le femmine e controlla gli altri membri del gruppo, ha un'alta produzione di un altro neurotrasmettitore, la serotonina. Cosa che presumibilmente avviene anche negli uomini molto sicuri di sé. Nei gelosi avviene invece il contrario: la serotonina è bassa, e questo provoca disistima di sé e ossessività».

● **Uomini e donne: chi lo è di più?**

Allora gli uomini, che devono salvaguardare la loro paternità da eventuali intrusi, sono per natura più gelosi delle donne? Non esistono prove al riguardo. Sicuramente invece maschi e femmine esternano la loro gelosia in modo diverso: i primi sono più aggressivi, le seconde tendono a deprimersi e a colpevolizzarsi. «Nel 96 per cento dei casi di violenza legata alla gelosia le vittime sono le donne. Ma questo dipende esclusivamente da un fatto culturale: gli uomini sono più incoraggiati fin da bambini alla violenza e, se vengono abbandonati, si sentono in dovere di riottenere quello che hanno perso e che ritengono un loro diritto», spiega D'Urso.

● **Il controllo della società**

Le passioni sono influenzate anche dalla società in cui si vive. «Le culture dove la gelosia è più diffusa e autorizzata sono quelle basate sulla proprietà privata, in cui la sessualità è legata esclusivamente al matrimonio e nelle quali una persona è giudicata adulta solo se è sposata», spiega D'Urso.

Ma anche l'Italia fa la sua parte. «Fino al 1981, anno in cui l'articolo è stato abolito, il nostro codice penale prevedeva per il delitto d'onore, cioè l'omicidio dell'infedele da parte del coniuge o dei suoi parenti, una pena di soli 3-7 anni di reclusione», dice Patrizia Fierro, ricercatrice di diritto penale all'università statale di Milano.

● **Le reazioni davanti al tradimento**

Il tradimento, comunque, fa sempre soffrire.

Ognuno però soffre a modo suo, come rivela una ricerca condotta di recente dallo psicologo americano James Bryson. I francesi diventano irascibili, gli olandesi tristi, i tedeschi evitano di combattere per la loro causa, gli italiani non ne parlano con nessuno, gli americani si preoccupano soprattutto di quello che penseranno gli amici.

Un ritratto del soggetto a rischio di gelosia? Colui che investe tutto se stesso nella relazione affettiva, annullando gli altri suoi interessi e divertimenti e divenendo interamente dipendente dal rapporto amoroso. Chi invece ha stima di sé e si sente sicuro, difficilmente penserà di essere stato tradito perché è indegno di amore e quindi uscirà più velocemente dalla sofferenza.

L'ossessività dei gelosi è causata dalla scarsità di serotonina

Focus

70 lui, 40 lei: un grande amore. Ma senza gelosia

«Ho superato i 70 anni, ma sono ancora attivo e felice. Da vent'anni vivo in intesa perfetta con una donna, che ora ne ha 40. Da un po' di tempo mi sono accorto, senza volerlo, che lei ha una relazione con un mio simpatico collaboratore, molto più giovane di me. Il problema è che non sono affatto geloso: mi sembra una cosa naturale, e sono contento che la mia compagna viva ancora emozioni che sono ormai fuori dalla mia vita. A tratti, però, vedendo come gelosia e possessività siano considerate normali, mi viene il dubbio che la mia sia una perversione o, peggio, imbecillità senile. In realtà mi sento amato e accudito da lei, e a suo modo anche da lui. E percepire la loro felicità mi fa piacere. Anzi, per evitare eventuali sensi di colpa, mi domando se non dovrei dirglielo. D'altra parte, però, non voglio immischiarmi, né ricevere le loro confidenze».

Giovanni V.G., Rapallo

Io - Donna

Caro amico, se i suoi sentimenti fossero più diffusi la cronaca nera dei giornali si restringerebbe di molto. E gli studi degli psicologi perderebbero molti infelici clienti. In realtà, la sua lettera non descrive una situazione di perversione o di senilità, ma di amore e di grande rispetto umano.

Le due facce del possesso

Che differenza c'è tra la gelosia maschile e quella femminile? «Una differenza notevole» spiega Giovanni Bassi, direttore del Centro studi psicoanalisi del rapporto di coppia. «Enorme. Che si spiega con la diversissima concezione del rapporto sessuale. Un uomo può fare l'amore anche solo con il corpo, mentre la donna ha sempre bisogno di essere coinvolta emotivamente. Il suo obiettivo, quindi, è il controllo della testa dell'uomo. Per lui è l'opposto: è il corpo di lei che va difeso, protetto dalla bramosia degli altri. Delle sue fantasie, invece, non gli importa granché».

AMORE E GELOSIA

Nell'innamoramento, in genere, non c'è gelosia. Che cosa significa allora quando appare? Geloso è colui che si accorge — a torto o a ragione, per ora non ci importa — che la persona da lui amata trova in qualcun altro qualcosa della stessa natura di ciò che lui trova in lei: un particolare o un gesto, una abilità o una qualità. Lui mi diverte, lui mi sa render allegra, lui è bello, lui è giovane, oppure lui è intelligente. La gelosia si presenta come scoperta che la persona che amiamo è attratta, affascinata da qualcosa che io non ho ed invece qualcun altro ha. Non si è mai gelosi di una cosa, o di un animale, o di una professione, ma soltanto di un'altra persona. Un'altra persona che, ai nostri occhi, ha qualcosa che esercita un fascino irresistibile sul tipo di quella che lui esercita su di noi e che noi, se ci amasse completamente, eserciteremmo su di lui. La gelosia è scoprire che l'amato dipende, per la realizzazione dei suoi desideri, da qualcosa che un altro possiede e noi no; che l'altro, non noi, dispone di qualcosa che ha valore per lui.

Francesco Alberoni, "Innamoramento e amore", Garzanti

desiderio inconfessabile

In alcuni casi la gelosia ossessiva nasconde la voglia inconscia di tradire il partner o di lasciarlo. Queste persone non intendono realizzare in concreto simili trasgressioni. Anzi, non ammetterebbero neppure a se stesse di nutrire questi propositi. Li proiettano invece sui compagni, come se soltanto loro potessero comportarsi in modo scorretto. Occorre invece accettare l'idea che tutti possono avere desideri trasgressivi e cercare di analizzarli. A volte, infatti, sono un segnale che nel rapporto di coppia qualcosa non funziona. Un disagio che non si vuole affrontare apertamente. Ma che si esprime con queste fantasie.

Donna Moderna

La gelosia fa bene all'amore?

PRO

1. È una componente dell'amore, se non si è gelosi non si ama veramente.
2. Senza la gelosia l'amore assomiglia all'indifferenza.
3. È una prova d'amore: a molti/e piace che il /la partner sia geloso/a.
4. La gelosia fa consolidare l'amore: è la prova della dedizione totale all'altro/a.
5. La gelosia viene dalla parola "zelo", cioè zelo totale nell'amore.
6. La gelosia è giustificata perché quando si ama si considera il/la partner così straordinario/a che potrebbe essere desiderato/a da altri/e.
7. Amare vuol anche dire soffrire.
8. La gelosia può essere normale, accettabile, o di tipo morboso, inaccettabile.
9. Non sempre la gelosia sfocia in comportamenti di tipo possessivo.
10. "L'occasione fa l'uomo ladro" e la gelosia fa vigilare su possibili tentazioni.
11. Nessuno ne è immune: secondo Freud la gelosia sorge nell'infanzia con la competizione con il padre o la madre ed i fratelli.
12. La gelosia nasce da un elemento biologico che non si può mutare: chi è sicuro di sé produce molta serotonina e non soffre di gelosia.
13. A volte è solo un condizionamento culturale: la gelosia è diffusa nelle società basate sulla proprietà privata.

CONTRO

1. L'amore vero esclude la gelosia perché si basa sulla fiducia e sul rispetto.
2. La gelosia comincia quando finisce l'amore.
3. I sentimenti della gelosia sostituiscono la passione che non c'è più.
4. È una componente dell'amore unilaterale, in quello bilaterale non ha ragione di esistere.
5. Se appare la gelosia vuol dire che uno dei partner non è realmente innamorato o non vuole innamorarsi.
6. La gelosia può significare paura di amare, di lasciarsi andare, di credere totalmente.
7. È tipica delle persone insicure che non credono di valere come individui e pensano che la persona amata trovi altrove ciò che manca a loro.
8. Le persone gelose vedono negli altri ciò che non possono riconoscere in sé.
9. Spesso nasce dalla distanza fisica o socioculturale tra due persone.
10. Non è una prevenzione contro il tradimento. In realtà non può impedirlo, ma anzi lo stimola.
11. La gelosia può sfociare nell'ossessività e nelle paranoie.
12. È un sentimento barbaro diffuso tra gli uomini: nel 96% dei casi di violenza generati dalla gelosia le vittime sono di sesso femminile.

È giusto sottoporsi alla chirurgia plastica?

1996

1976

ALBA PARIETTI

Foto: Novella 2000, febbraio 1997

Un tocco di bisturi. E un po' di silicone. Per sentirsi meno soli

Lo dico come psichiatra. Quella di non piacere agli altri, tra tutte le paure in circolazione, è la più diffusa e la più forte. Soprattutto tra i più giovani: che si vedono tutti goffi, sgraziati, imperfetti. E sono disposti a qualunque sacrificio per cambiare il proprio corpo. Diete, massaggi, palestra, fitness all'ultimo respiro. Fino alla chirurgia estetica, avendo un po' di soldi a disposizione, che è il mezzo più rapido e drastico per ottenere la forma desiderata. Ma i giovani non sono soli, in questa lotta. I loro comportamenti spesso riflettono in forma esasperata atteggiamenti socialmente diffusi. Nessuno, in realtà, può dirsi immune da questa paura. Il corpo è diventato una metafora per tutte le età. Solo passati i 60 anni ci si limita a desiderare di essere ancora vigili e in buona salute. Prima, gran parte delle energie sono mobilitate in difesa della propria piacevolezza estetica. Questa paura di non piacere va considerata attentamente. Perché è la maschera di un'altra paura, molto più invincibile e profonda: quella di essere abbandonati. Di non essere desiderati da nessuno. Di rimanere soli.

di Vittorio Andreoli
psichiatra e scrittore

SUL LETTINO DEL CHIRURGO L'INTERVENTO PIÙ NUOVO: I "SENI" AL SILICONE PER LUI. PER GONFIARE I PETTORALI. IL PIÙ CARO: IL LIFTING COMPLETO DEL VISO, TRA I 10 E I 15 MILIONI. IL PIÙ ECONOMICO: AUMENTO DELLE LABBRA, TRA LE 500 MILA E IL MILIONE. LA GENERAZIONE PIÙ "RIFATTA": QUELLA DEI VENTI-QUARANTENNI.

> **"** Me ne frego delle rughe. La bellezza in sé mi pare un concetto orrendo, una stupida convenzione. Ognuno ha il viso che si merita.
>
> JEANNE MOREAU

Io Donna

Se è un problema, diamogli un taglio

colloquio con Mario Pelle Ceravolo

Solo una moda americana quella della chirurgia estetica prêt-à-porter? Lo abbiamo chiesto a uno dei maggiori chirurghi italiani, Mario Pelle Ceravolo, che proprio in America ha compiuto i suoi studi.

Professore, anche da noi le giovanissime si rivolgono sempre più al bisturi del chirurgo plastico?

«L'Europa e l'Italia sono sempre un po' più lente degli Stati Uniti nell'abbracciare le novità della chirurgia. Ma vedo che anche qui, finalmente, comincia a diffondersi la mentalità giusta».

E quale sarebbe la mentalità giusta?

«Quella che prende la chirurgia estetica per quello che è: un mezzo per migliorare la qualità della vita. E allora: visto che l'acme della vita di relazione per una ragazza oggi è sui diciotto anni, se lei percepisce in maniera negativa i suoi difetti e ne soffre al punto da pregiudicare in un qualche modo la sua felicità, perché non dovremmo intervenire? Che cosa si dovrebbe aspettare?».

Lei sostiene che si deve intervenire in ogni caso?

«Non in ogni caso. Il chirurgo deve accertare due condizioni essenziali: che l'organo che si vuole modificare sia giunto al suo pieno sviluppo e che la motivazione che spinge la ragazza (o il ragazzo) sia reale».

Io Donna

9

NOVITA' IN CHIRURGIA ESTETICA

OCCHI E FRONTE
Lifting endoscopico ("tiraggio dolce" della pelle)

PELLE
Skin resurfacing laser (rinnova la cute e le rughe)

NASO
Rinoplastica (tecniche sempre più perfette)

PELLE
Tossina botulinica (inibisce l'attività dei muscoli di espressione e riduce le rughe)

BOCCA
(riempimento delle labbra con materiali biologici e sintetici)

VISO
Plastica zigomatica (corregge i difetti e ritarda gli effetti dell'invecchiamento)

La Repubblica - Salute

Entusiaste Parietti e Milo

Ma le "rifatte e soddisfatte" sono sempre la maggioranza

9

Carmen Russo: "Il seno non si dovrebbe rifare"

Tante pentite della plastica "È meglio la natura"

C hirurgia estetica? Dietrofront. Clandestino o ammesso a denti stretti, ma il più delle volte negato anche di fronte all'evidenza, negli ultimi anni il ricorso al bisturi miracoloso ha mietuto straordinari successi. In un solo anno, il 1994, gli interventi di chirurgia plastica in Italia sono stati 40 mila, con un più 25 per cento sull'anno precedente.

Da qualche tempo però il vento sta cambiando. Qualche lifting tira troppo e sfigura i lineamenti, qualche labbro si sgonfia all'improvviso, o, nel peggiore dei casi, scatena reazioni allergiche. Così, le fila delle pentite si ingrossano. Plastica del seno a parte la cui richiesta di interventi continua a salire, nonostante anche in questo campo non manchino le segnalazioni di fastidi ed "incidenti" vari.

Carmen Di Pietro, per esempio, dopo anni di collagene alle labbra ha detto basta e ora si affida solo alle magie del trucco. Anche Ljuba Rizzoli, che qualche anno fa si è rivolta a Ivo Pitanguy, il guru brasiliano della chirurgia plastica, non ripeterebbe l'esperienza: ancora oggi il suo lifting parziale le provoca fastidiosi disturbi. Stessa musica per Marta Marzotto che dopo due lifting faceva fatica ad accettare la sua nuova immagine. Insomma, «naturale» sembra essere la nuova parola d'ordine. Tanto che l'attrice Annamaria Rizzoli ha addirittura fondato l'Adn: l'Associazione donne naturali. Probabili so-

cie future anche due naturali doc come Dalila Di Lazzaro e Edvige Fenech.

Eppure non sono in molte le donne che accettano di dichiarare il proprio pentimento nei confronti della chirurgia plastica. Chi invece commenta volentieri è Car-

men Russo: la prima, la sola, l'unica maggiorata naturale italiana, come lei stessa tiene a precisare.

Signora Russo, ci sono "pentite" tra le sue colleghe che si sono sottoposte alla chirurgia plastica?

«Credo che possa succedere che una donna si penta di essersi sottoposta a un intervento di chirurgia plastica. Ci sono poi quelle che hanno voluto esagerare e ora si trovano alle prese con le crisi di rigetto, sia fisico che psicologico. E' l'effetto di decisioni avventate».

Non crede che possa essere anche l'effetto di un cambiamento di tendenza? Che insomma la chirurgia estetica sia ormai fuori moda?

«Seguire le mode a tutti i costi è indice di scarsa personalità... Certo, apparire belli e sentirsi bene con il proprio corpo è importante sia per le donne che per gli uomini. E se un intervento chirurgico può contribuire a risolvere alcune nevrosi che ci si porta dietro, allora perché no. Ma io sono convinta che l'entusiasmo e la carica fisica vengano dal movimento, dallo sport.

Ma cosa consiglierebbe a una figlia che volesse, per esempio, rifarsi il seno?

«Non ho figlie, ne potremmo riparlare tra una ventina d'anni, quando forse ci saranno anche nuove soluzioni chirurgiche. E comunque le dimensioni del seno sono un fatto ereditario. Mia figlia avrà sicuramente un seno molto grande....»

(antonio leonardi)

È giusto sottoporsi alla chirurgia plastica?

PRO

1. Una correzione del viso e del corpo può dare la felicità e liberare da complessi.
2. Il rifiuto del proprio corpo può trasformarsi in una malattia ossessiva (la dismorfofobia).
3. Se esistono queste tecniche perché non usarle? Non si fa del male a nessuno.
4. Ormai le degenze in clinica sono ridotte al minimo.
5. Adesso anche i costi sono alla portata di tutti.
6. Fa ringiovanire ed accettare gli anni che passano.
7. Perché mostrare a tutti i segni del tempo? Così si può giocare con la propria età.
8. Fa diventare più sexy. È più facile trovare un/una partner.
9. Si è più accettati dal mondo circostante.
10. Si può assomigliare ai divi del cinema.
11. La chirurgia estetica è un mezzo per migliorare la qualità della vita.
12. Non è piacevole sentirsi giovani dentro un corpo invecchiato.
13. La vecchiaia è un'età triste, meglio allontanarla con la chirurgia.
14. Non è più un lusso per ricchi: ogni anno in Italia si effettuano circa 100.00 interventi.

CONTRO

1. Che importanza ha la bellezza esteriore a confronto di quella interiore?
2. Il bello di ogni essere umano è la sua unicità, anche con le sue imperfezioni.
3. Molte persone manifestano le proprie insicurezze personali con il rifiuto del proprio corpo.
3. I mass media propongono donne "bioniche" con fisici perfetti. Creano complessi in molte donne.
4. Le top model dominano giornali e Tv. Sono un modello negativo, specie per le più giovani.
5. La gente deve imparare ad invecchiare ed accettare il proprio corpo.
6. La chirurgia plastica è un lusso per ricchi.
7. La chirurgia estetica può provocare irreversibili danni fisici.
8. Le correzioni sono riconoscibili ad occhio nudo.
9. Gli interventi non durano nel tempo: spesso è necessario ripeterli.
10. Dopo l'intervento si può andare in crisi non riconoscendosi più nel nuovo corpo.
11. Creano visi inespressivi e non "umani".
12. Eliminato un difetto chirurgicamente, la persona ossessionata ne trova subito un altro.
13. I giovani sono i più vulnerabili alle illusioni offerte dalla chirurgia plastica.
14. Per migliorare il proprio corpo è sufficiente usare il trucco e altri accorgimenti come il Wonderbra, le calze snellenti e gli slip correttivi.

Siamo soli nell'universo?

IL VEICOLO. Il mese scorso gli scienziati hanno per la prima volta scoperto tracce di vita extraterrestre su questo meteorite (foto sopra) di provenienza marziana, trovato al Polo Sud. Risale a 3,6 miliardi di anni fa, ed è segnato da fessure che possono essere state provocate dal flusso di acqua.

E.T.? Con la forma di un verme, lo spessore di un millesimo di capello, il microrganismo "marziano" (cerchio rosso qui sopra) somiglia ad antichi fossili terrestri. Gli scienziati stanno cercando di "affettarlo" per studiare le sue cellule. Se trovassero Dna, sarebbe probabile una parentela con la vita terrestre. Se non ci fosse, significherebbe che la vita si è sviluppata su Marte e Terra in modo indipendente, e che quindi è un fenomeno ordinario nel cosmo.

10

GLI EXTRATERRESTRI ESISTONO? GLI SCIENZIATI ORA PENSANO DI SÌ

▶ ● **Indizi schiaccianti**

Gli scienziati e gli organismi internazionali (e perfino il Vaticano, che «segue con attenzione» gli sviluppi) prendono insomma molto sul serio la ricerca di vita intelligente nell'universo. Alcuni si azzardano a prevedere che entro 10-20 anni potremo individuare pianeti abitati e forse stabilire i primi contatti. E hanno almeno quattro ottime ragioni per crederlo.

1) Negli ultimi mesi gli indizi a favore della presenza della vita nello spazio extrasolare si sono moltiplicati. Sono stati individuati ben 10 esopianeti, cioè pianeti al di fuori del sistema solare, il che fa pensare che l'universo sia pieno di corpi adatti a ospitare la vita.

2) Sono state trovate, nel nucleo ghiacciato delle comete Halley e Hyakutake, molecole prebiotiche: avvalorano l'ipotesi che i mattoni della vita siano stati distribuiti nell'universo dalle comete.

3) In luglio, la sonda Galileo ha trovato su una luna di Giove, Europa, condizioni favorevoli all'esistenza di batteri.

4) La Nasa ha annunciato di aver scovato tracce di vita microscopica su un meteorite di provenienza marziana.

TRACCE DI ATTERRAGGI

Fin dall'inizio del "mito ufologico", il capitolo delle impronte lasciate al suolo dai presunti veicoli extraterrestri è folto di documentazioni, anche fotografiche. In genere, si tratta di testimonianze di tre tipi: 1) segni lasciati sul terreno da supporti particolari, in genere (ma non sempre) simmetrici; 2) aree che portano segni di forte compressione, o di bruciature, o (talvolta) di movimento rotatorio vorticoso; 3) tracce di attività esterna (scavi, fori di assaggio, solchi), da parte dell'Ufo stesso o dei suoi occupanti.

Focus

I filari di una piantagione di soia presso la cittadina di Van Horne (Iowa, USA) danneggiati dall'atterraggio di un disco volante il 20 luglio 1969.

UFO Magazine

NON ERA UN FULMINE. E NEMMENO UN AEREO

Era il primo settembre del '96, verso le nove e mezzo di **sera**», racconta Cesare Sacchi, nella foto, 51 anni, di Mortara (Pavia). «Stavo accompagnando mia figlia e due sue amiche in un bar di Vigevano e percorrevo una strada di campagna tra due paesini, Ottobiano e Tromello. A un certo punto, con la coda dell'occhio, vedo qualcosa di **luminoso** alla mia sinistra. Rallento, abbasso il finestrino e guardo meglio: in cielo, a circa cento metri da terra, c'era un oggetto **enorme** e biancastro, immobile. Aveva la forma di un **rombo**, e dai quattro angoli proveniva una luce abbagliante. Ognuna distava dall'altra almeno 80 metri, e al centro del rombo

Anna

c'era una zona più chiara dove si vedevano delle **ombre**. Non riuscivo a credere ai miei occhi. Per fortuna non ero solo: anche mia figlia e le sue amiche hanno visto tutto. L'oggetto è rimasto **immobile** per una ventina di secondi, poi si è sollevato e si è allontanato come un aereo. Poco dopo sono passati un **jet** e un elicottero che andavano nella stessa direzione, come per inseguirlo. Qui vicino, a Remondò, c'è una base dell'aeronautica. Ho chiesto se i loro **radar** avevano avvistato qualcosa, ma mi hanno detto che non risultava nulla. Neanche l'aereo e l'elicottero. Insomma, che cosa fosse quell'oggetto non

lo so. Un fenomeno naturale? Non credo: la forma era troppo definita, troppo geometrica, e poi si è mosso così **velocemente**. Ho pensato anche a un esperimento militare segreto. Ma non mi sento di escludere nessuna ipotesi... Prima di questo **avvistamento**, le teorie sugli Ufo non mi avevano mai interessato. Sono una persona concreta, lavoro in una compagnia petrolifera, faccio l'assessore al **comune** di Mortara. Perciò non ho mai voluto che se ne parlasse troppo: ne avrebbero approfittato per attaccarmi. Capirà, un **assessore** che ha visto i dischi volanti...».

ESISTONO I DISCHI VOLANTI?

La disciplina che studia i dischi volanti si chiama ufologia, espressione che deriva da Ufo, iniziali inglesi di *Unidentified Flying Objects*

Secondo un sondaggio del 1973, il 51 per cento degli statunitensi è convinto che il fenomeno degli Ufo sia dovuto a esseri intelligenti extraterrestri. Secondo gli scienziati, invece, i fenomeni che la credenza popolare spiega ricorrendo agli extraterrestri, possono essere attribuiti alla particolare luminosità che certi astri emanano anche in pieno giorno, oppure alle sonde spaziali o ai satelliti artificiali. Altre spiegazioni che gli scienziati formulano, ipotesi che dovrebbero essere scartate con sicurezza prima di accreditare quella degli extraterrestri, sono la comparsa di meteoriti; l'effetto di lente di ingrandimento esercitato da certe nuvole; gruppi di uccelli migratori; riflessi di fari di auto e di incendi; fenomeni di ionizzazione dell'aria; frammenti di un'esplosione atomica; sperimentazioni di armi segrete o apparecchi aerei segreti; raggi laser; illusioni ottiche; allucinazioni, singole o collettive; effetti luminosi diversi associati al sole e alla luna; visioni «mistiche» di fanatici.

Nel 5 per cento dei casi tuttavia la scienza non si pronuncia ancora. Per questi casi vengono proposte quattro tesi.

1. I fenomeni Ufo potranno essere spiegati un giorno nell'ambito delle leggi fisiche oggi conosciute.

2. Tali fenomeni potranno essere spiegati solo in base a principi fisici completamente nuovi.

3. I fenomeni non sono puramente fisici. Si spiegherebbero con l'intervento di intellingenze del nostro pianeta, prodotti per esempio della tecnologia militare segreta.

4. Dipendono da intelligenze extraterrestri.

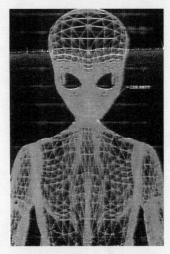

ricostruzione realizzata al computer dell'alieno di Roswell, grazie alla descrizione fatta da due agenti dei servizi segreti. Su questo caso esistono 250 testimonianze. Secondo alcuni esperti, è più probabile che si tratti di un extraterrestre piuttosto che di un essere umano affetto da una sindrome patologica.

Gioia

10

E.A. Friedrichs, "Parapsicologia senza misteri" Ed. Messaggero

Due scienziati a confronto

PRO **Corrado Malanga** insegna Chimica organica all'Università di Pisa. Il suo è un approccio scientifico: studia e analizza i fenomeni attraverso formule rigorose. «E, con tanto di regole matematiche ed evidenze fisiche, posso dire che gli ufo esistono. Mi interesso di sintesi organica, cerco di trovare reazioni chimiche per scoprire nuove molecole. Là dove ci sono stati gli avvistamenti, abbiamo fatto le analisi del terreno e abbiamo visto che l'erba era gialla, ma non bruciata. Ho verificato che il terreno era contaminato da microonde, che producevano un calore 50 milioni di volte superiore a quello dei forni industriali. In quei terreni rimangono poi residui di magnesio. Un magnesio strano, con più neutroni nel suo nucleo, più puro, che viene senz'altro da un altro pianeta...». E così Malanga, pur facendo parte di una istituzione scientifica, si pone controcorrente. «Non capisco gli scienziati che criticano senza studiare il caso. Certo che circolano foto finte, ma i computer possono verificare se sono manipolate o scattate senza trucchi. Ci sono i radar, che hanno registrato oggetti con una velocità superiore ai 3mila chilometri al secondo. Quando faccio gli studi, uso il metodo di Galileo: verifica del fenomeno, osservazione, riproduzione in laboratorio, formulazione matematica. Lo stesso sistema che usa il Cnes (Centro nazionale di Studi spaziali) della Francia, che, per conto del governo, studia gli ufo, chiamandoli ufficialmente "rientri atmosferici". La fede non c'entra».

CONTRO **Margherita Hack,** astronoma: «Non nego che ci possano essere altre forme di vita in galassie diverse dalla nostra. Ma tutti gli avvistamenti che sono stati fatti fino ad ora possono essere interpretati come differenze termiche tra materia solida e atmosfera. La stessa parola ufo vuol dire "oggetti non identificati", ovvero, non c'è alcuna evidenza. Quelli che vengono scambiati per navicelle di extraterrestri possono essere satelliti artificiali o semplici riflessi di luci. È estremamente improbabile che i marziani vengano da noi: le distanze sono enormi e il limite della velocità della luce è insuperabile. Questo non toglie che ci possano essere pianeti extrasolari, dove vivono beatamente esseri simili a noi. Ma alle "visitine" sulla Terra non ci credo, anche perché non ne vedrei il motivo. Qualche astrofisico si è occupato, con approccio scientifico, di questi aspetti, senza però trovare niente di attendibile: tutto è spiegabile attraverso formule scientifiche, fisiche e matematiche».

Siamo soli nell'universo?

PRO

1. Non c'è alcuna testimonianza certa di vita "intelligente" fuori della Terra.
2. È difficile che esistano altre forme di "intelligenza" che si siano evolute in maniera simile alla nostra.
3. Nonostante tutti i soldi spesi per l'invio di messaggi nel cosmo alla ricerca di altre forme di "vita intelligente" non ci sono state risposte concrete.
4. Nonostante tutti gli UFO avvistati sulla Terra, non ci sono prove certe che si tratti davvero di extraterrestri.
5. Tutte le foto fatte a presunti extraterrestri venuti sulla terra mostrano figure lontane e vaghe: nessuno li ha mai fotografati da vicino.
6. Nessuno degli extraterrestri avvistati sulla Terra ha mai lasciato dei manufatti tangibili: solo tracce sul terreno o il ricordo dei testimoni. Strano, se è vero che sono venuti per conoscerci.
7. Molti avvistamenti di UFO si sono rivelati dei falsi clamorosi.
8. Le navicelle viste da molti possono essere satelliti artificiali o semplici riflessi di luci.
9. Gli astrofisici che hanno indagato il fenomeno non hanno trovato nulla di attendibile.

10

CONTRO

1. Non c'è alcuna testimonianza certa che <u>non</u> ci sia vita "intelligente" fuori della Terra: per ora conosciamo solo una minima parte dell'universo stellare.
2. È improbabile che fra miliardi di mondi, solo sul nostro si siano verificate le condizioni adatte allo sviluppo di "vita intelligente".
3. Sono stati scoperti pianeti anche fuori dal sistema solare che potrebbero ospitare la vita.
4. Molecole pre-biotiche sono state scoperte nel nucleo ghiacciato delle comete: forse sono loro che distribuiscono la "vita" nell'universo.
5. Forme di "vita intelligente" potrebbero essere esistite in passato o potranno esistere in futuro su altri pianeti, o potrebbero esistere oggi e non essere in grado di comunicare con noi.
6. Innumerevoli testimoni in varie parti della Terra, al giorno d'oggi e in passato, hanno riferito di avere avvistato dischi volanti e/o strani esseri viventi.
7. Anche se molti avvistamenti di UFO sono stati spiegati come falsi, ne rimangono molti altri avvolti nel mistero.
8. Gli "ufologi", fra cui molti scienziati seri, studiano scientificamente tutti gli avvistamenti da molti anni e sono sempre più convinti dell'autenticità di molti di essi.
9. Secondo alcuni le testimonianze di vita extraterrestre ci sono ma i governi le nascondono ("X files").

Le droghe leggere vanno legalizzate?

"Ora il mercato è libero e gli spacciatori sotto casa"

Dario Fo, attore: «Ci sono civiltà intere nelle culture araba, africana e asiatica che fanno uso di droghe leggere, con la stessa naturalezza con cui da noi viene consumato il classico bicchiere di vino. Credo che si dovrebbe provare a legalizzare hashish e marijuana e vedere che cosa succede. Solo in un secondo tempo si può spostare il discorso alle droghe pesanti. In Scandinavia e Svizzera stanno già sperimentando forme di somministrazione controllata di eroina a tossicodipendenti. E' un modo per controllare la qualità della droga e sottrarre i ragazzi alla criminalità, alla morte per overdose».

Lidia Ravera, scrittrice: «Sono favorevole alla legalizzazione. Non credo che i derivati della cannabis facciano male alla salute, mentre trovo estremamente pericoloso che un giovane che vuole farsi uno spinello, entri in contatto con il mercato illegale degli stupefacenti».

Grazia

"Con l'erba dal tabaccaio si finisce nell'eroina..."

Roberto Cafiso, psicoterapeuta, cura per «Grazia» la rubrica «Droga e... parliamone insieme»: «Sono contrario alla liberalizzazione per almeno quattro ragioni. Primo: l'uso di droghe leggere può causare danni organici al cervello, indurre psicosi, deteriorare la personalità e deformare la percezione e il senso della realtà. Secondo: in alcuni soggetti predisposti può ingenerare tossicodipendenza. Terzo: la legalizzazione già altrove adottata s'è rivelata un insuccesso. Quarto: occorrerebbe concentrare sforzi e investimenti in programmi di ricerca e prevenzione».

Carlo Bozzo, ufficio stampa San Patrignano: «Ogni ipotesi di legalizzazione è pericolosa perché non tiene conto dei danni fisici (ampiamente dimostrati dalle ricerche scientifiche) e culturali (affidare l'identità di uomo a una sostanza).

Grazia

SONO UNA GIOVANE INSEGNANTE DI SCUOLA MEDIA. VORREI INTERVENIRE SULLA LEGALIZZAZIONE DELLE DROGHE. PER ME L'ATTO DI DROGARSI NON È AFFATTO ESPRESSIONE DI AUTODETERMINAZIONE, BENSÌ DI DISAGIO. L'ILLUSIONE DI VIVERE CON FACILITÀ LO "SBALLO" (CHE SPESSO È CAUSA DEL "MORIRE" PIÙ CHE DEL "VIVERE"), IN REALTÀ SEGNALA UN GRANDE BISOGNO DI AFFETTO. QUESTI RAGAZZI AVREBBERO BISOGNO DI UN'EDUCAZIONE PIÙ RESPONSABILE CHE INSEGNI DIGNITÀ UMANA E RISPETTO VERSO SE STESSI E IL PROSSIMO, SENTIMENTI ALLA BASE DELLA VERA LIBERTÀ.

ELEONORA BAGAROTTI, PIACENZA

La ringrazio, cara signora, per la sua testimonianza. Sono d'accordo con lei, drogarsi significa volere "morire" più che "vivere". Ma anche l'alcol, il fumo, sono droghe e non creano meno dipendenze della droga leggera. Distinguere fra eroina e marijuana aiuta a trattenere al di qua del guado chi vuole un poco perdersi da chi vuole davvero "perdersi del tutto". E poi non dimentichiamo l'enorme speculazione che si fa sul desiderio di "perdita" dei ragazzi.

Contraddizioni

DROGHE LEGALI:
Nicotina, alcol, tranquillizzanti prescrivibili, sonniferi prescrivibili, energizzanti prescrivibili.

DROGHE ILLEGALI:
Cocaina, eroina, marijuana, Lsd, psilocibina funghi, peyote, Mdma, eccetera.

DROGHE PERICOLOSE:
(morti annue) alcol (60.000), droghe prescrivibili (30.000), nicotina (25.000), cocaina (3.000), eroina (1.000).

DROGHE SICURE:
(morti annue) marijuana (0), Lsd (0), psilocibina (0), funghi (0), peyote (0), Mdma (0).

da "Caos e cibercultura" di Timothy Leary

Venerdì di Repubblica

Lo afferma un autorevole rapporto dell'Accademia francese delle scienze. Ed è subito polemica

"Lo spinello fa ammalare"

Hashish e marijuana riducono fiato, memoria e difese immunitarie

ROMA — L'uso dell'hashish e della marijuana comporta una serie di effetti tossici a breve o lungo termine: intacca la funzione respiratoria e la capacità di apprendere e memorizzare, modifica la pressione arteriosa, abbassa le difese immunitarie aprendo la strada alle infezioni.

Stanco della babele insorta anche in Francia nel dibattito sulla depenalizzazione delle droghe leggere, il sottosegretario alla Ricerca Francois d'Aubert ha fatto redigere da venticinque studiosi, coordinati dall'Accademia delle scienze, un rapporto di ottanta pagine reso pubblico la settimana scorsa a un convegno sulle tossicodipendenze.

Dopo aver denunciato i disturbi psichici e di comportamento indotti dalla canapa indiana il Rapporto sottolinea la necessità di mettere sotto controllo le varianti della cannabis che appaiono ora sul mercato e che sono più attive della pianta originaria, potenziandone la capacità di creare dipendenza.

Il controllo dei derivati, tra cui la cannabis rossa, è una "emergenza sanitaria", sostiene il documento

La Repubblica

SENZA DROGA È MEGLIO

In un momento in cui si parla sempre più di legalizzazione della droga e addirittura la si offre impunemente in Tv o si propongono rimedi miracolosi come l'UROD, che poi non sono altro che un modo di speculare sul dolore della gente, sento di dire la mia per aver vissuto il problema in prima persona.

Dico subito che oggi ne sono fuori, dopo tre anni di comunità, e ho ripreso la mia vita normale, il mio lavoro, il mio rapporto con i genitori e la ragazza, i miei studi universitari.

E sono felice. Ecco, è questo il punto fondamentale, oggi sono felice e non mi drogo perché non ne ho bisogno, perché mi voglio bene e posso dire, guardando-

mi indietro: «è stata dura ma ce l'ho fatta».

Avrebbe la droga legalizzata potuto darmi tutto questo? Avrebbe potuto darmelo un metodo che punta solo ad eliminare la dipendenza fisica? No! Perché sia l'uno che l'altro non tengono minimamente conto di una componente fondamentale della lotta alla tossicodipendenza: la valorizzazione dell'uomo in quanto tale, di quell'uomo che c'è dietro ogni "tossico" e non attende altro che di essere risvegliato e stimolato.

Legalizzare la droga vuol dire mortificarlo, negarne l'esistenza e le potenzialità, la sua capacità unica e meravigliosa di rialzarsi e continuare a lottare. È la radice più profonda del razzismo,

quello stesso che finge di aiutare i più deboli ma poi divide la società in bianchi e neri, in buoni e cattivi, in meritevoli e non e dice a questi ultimi di morire in silenzio purché non diano fastidio.

Io, materialmente, avevo tutto dalla vita, compresi i soldi per la roba ma, per un periodo, vi ho rinunciato ed ho scelto di cambiare perché non c'è alcuna differenza fra il morire di droga in un ghetto di periferia o nella più lussuosa abitazione residenziale. Non c'è alcuna differenza fra il morire di droga ed il vivere tutta la vita senza la capacità di sorriderle e di apprezzare una giornata di sole.

B. L. - Avellino

Venerdì di Repubblica

49

Le droghe leggere vanno legalizzate?

PRO

1. In molte culture sono usate con la stessa naturalezza con cui noi consumiamo il vino.
2. Il vero pericolo è che la gente le cerca e finisce col mettersi in contatto col mercato illegale legato alla criminalità.
3. Ora si può fumare in Italia ma la dose consentita è lasciata nel vago.
4. Il proibizionismo non risolve il problema.
5. La trasgressione rende le droghe così popolari, specie tra i giovani.
6. In Olanda, dove è legalizzata, non si è riscontrato un aumento del tossicomani, anzi, gli eroinomani stanno diminuendo.
7. La legalizzazione porterebbe profitti all'agricoltura.
8. L'hashish e la marijuana non sono più dannosi di alcol e fumo.
9. La legalizzazione isolerebbe nel mercato coloro che usano sostanze mortali.
10. Ciò che ora mette in comune tutte le droghe è il mercato clandestino.
11. La legalizzazione è compatibile con la dissuasione sui danni che possono provocare le droghe.
12. Legalizzare non significa liberalizzare.
13. Il mercato è già libero dato che ci sono spacciatori ad ogni angolo.
14. Se lo Stato non riesce a controllare lo spaccio di droga nelle carceri, come può farlo sulle strade?
15. Si dovrebbero legalizzare anche le droghe pesanti, visto che i tossicodipendenti sono malati gravi e irrecuperabili.

11

CONTRO

1. Si fa una campagna contro l'alcol e il fumo ma poi si vuole legalizzare la droga che è molto più dannosa.
2. Sarebbe la morte della prevenzione.
3. Bisogna essere certi di quali conseguenze avrebbe sulla diffusione tra i giovani e la loro salute.
4. La cannabis non è innocua (è psicotropa): agisce sul tessuto nervoso e sui mediatori chimici del cervello.
5. È molto più dannosa di certi farmaci per cui ci vuole la ricetta medica.
6. Cosa succederebbe se la usassero piloti d'aereo, chirurghi ecc.?
7. Non c'è distinzione tra droghe leggere e pesanti: sono tutte dannose e creano dipendenza.
8. Lo spinello apre, almeno psicologicamente, l'accesso all'eroina.
9. L'uso può creare delle psicosi ed allontanare dalla realtà.
10. Nei paesi in cui le droghe leggere sono legali, quelle pesanti non sono state ancora sconfitte.
11. Non si possono tentare esperimenti sulla pelle dei giovani. E se fosse un fallimento?
12. Oggi il vero problema è l'uso dell'ecstasy, del crack e di altre droghe chimiche.
13. Si incentiverebbero i giovani a provarle e se per un adulto è solo una scelta, per un giovane sarebbe l'anticamera per le droghe pesanti.
14. I tossicodipendenti hanno sempre cominciato con gli spinelli.

Le donne sono più intelligenti degli uomini?

Uomo e donna: due modi di usare il cervello

Intelligenza da uomo e intelligenza da donna

Questi test servono a valutare le differenze di prestazione del cervello nei due sessi. I primi due sono risolti meglio dai maschi, che eccellono nei compiti spaziali, nell'orientamento. I secondi due dalle donne.

Fare ruotare mentalmente nello spazio oggetti tridimensionali.

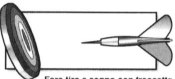

Fare tiro a segno con freccette, o altre attività motorie con obiettivi molto precisi, come guidare un auto.

Individuare la presenza di un oggetto tra tanti è un compito che le donne svolgono in genere più velocemente.

77 43	$14 \times 3 - 17 + 52$ $2(15 + 3) + 2 - \dfrac{15}{3}$

Nel trovare il risultato di espressioni matematiche e aritmetiche il cervello femminile è più rapido ed efficiente.

New York, febbraio

Donne e uomini hanno un cervello diverso e lo usano in modo diverso. Detta così sembra una banalità. Ma per la scienza non lo è affatto. Solo oggi Bennet e Sally Shaywitz, ricercatori di Yale, sono riusciti a vedere "in diretta" cosa succede dentro un cervello maschile e uno feminile mentre fanno le stesse cose. E hanno scoperto che, per esempio durante la lettura, le donne impiegano varie aree del cervello in entrambi gli emisferi, mentre gli uomini utilizzano solo l'emisfero sinistro. Quasi contemporaneamente, e con lo stesso metodo, un gruppo di ricercatori della Pennsylvania ha trovato un'altra diversità, che potrebbe spiegare le reazioni impulsive tipicamente maschili: gli uomini usano di più una zona primitiva del sistema limbico, una delle parti più antiche del cervello, sede di emozioni importanti per la sopravvivenza, dove hanno sede l'aggressività e la paura. In altre paole sono un po' più primitivi, da questo punto di vista, delle donne. Con queste scoperte il decennio del cervello, come sono stati chiamati

gli anni Novanta per li risultati ottenuti in questo campo, raggiunge così un altro obiettivo.

I risultati ottenuti negli ultimi anni (localizzazione precisa di molte attività cerebrali, scoperte sull'adattabilità, sulla memoria e su altre funzioni cerebrali) e oggi sulle differenze tra cervello maschile e femminile, sono dovute in gran parte all'uso di nuove tecnologie, come la tomografia a emissione di positroni, una tecnica di indagine semplice e indolore: si inietta glucosio radioattivo nel circolo sanguigno e si osserva il cervello mentre funziona. Le zone attive richiamano più sangue e appaiono più scure.

Oggi si sa che le differenze tra i due sessi sono anche dentro la scatola cranica: il cervello femminile oltre a funzionare in modo diverso è anche dotato di un corpo calloso, la struttura nervosa che collega i due emisferi, più sviluppato di quello maschile. Le donne sono allora più intelligenti? No, dicono gli scienziati, la parte corticale del cervello, dove si sviluppano i ragionamenti, ha esattamente la stessa estensione nei due sessi.

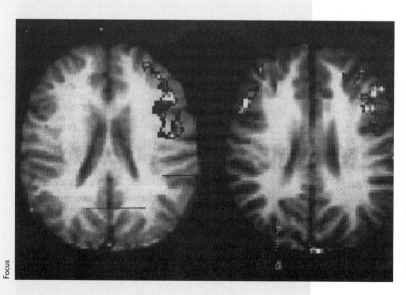

Focus

Sopra, Le immagini (ottenute con la risonanza magnetica) di un cervello maschile (a sinistra) e uno feminile mentre svolgono la stessa attività (leggere). Gli uomini usano solo una parte dell'emisfero destro. Le donne i due emisferi.

Una questione di ormoni?

Anche gli ormoni sessuali avrebbero un ruolo determinante nel funzionamento delle aree cerebrali. Lo dimostrerebbero le particolari qualità logico-spaziali rivelate dalle cosiddette "figlie del Des": donne che oggi hanno 30 o 40 anni e le cui madri, nel corso della gravidanza, furono sottoposte a una terapia intensiva di ormoni maschili (Des) per contrastare la minaccia di aborto.

Secondo la psicologa Doreen Kimura, dell'università del Western Ontario, Canada, questo "bombardamento" di ormoni maschili nella vita prenatale delle future bambine avrebbe favorito lo sviluppo di qualità cognitive e di comportamenti di tipo maschile: una maggior capacità di risolvere problemi matematici, la preferenza per i giochi competitivi e una certa tendenza all'aggressività.

Tuttavia, nonostante le affascinanti ricerche di questi ultimi anni, il cervello continua ad essere l'organo più misterioso, il pianeta Marte del corpo umano. «Occorreranno secoli» ha dichiarato John Eccles, premio Nobel per le ricerche in questo campo «prima di capire come funziona e conoscerlo nella sua totalità».

lo

I Q AL MASCHILE E AL FEMMINILE

Prove generalmente meglio effettuate dagli uomini	Prove generalmente meglio effettuate dalle donne
Dirigere un oggetto verso un bersaglio	Trovare rapidamente quali oggetti sono diversi o identici
Intercettare la traiettoria di un oggetto	Scoprire la relazione tra due oggetti
Orientarsi su di una cartina	Ricordarsi quale oggetto è stato spostato e quale era il suo posto iniziale
Rappresentarsi mentalmente la forma di un oggetto tridimensionale in rotazione nello spazio (rotazione mentale)	Effettuare compiti manuali minuti, che richiedono precisione e rapidità
Ritrovare la forma evoluta di un volume realizzato tramite piegatura	Trovare rapidamente il maggior numero di parole aventi certe caratteristiche (parole che cominciano con una data lettera o che fanno rima con un'altra parola)
Ritrovare rapidamente una forma camuffata in una figura complessa (indipendenza nei riguardi del campo)	

L. G. De Mendoza
"Cervello destro e cervello sinistro".
Il Saggiatore

12

Le statistiche sostengono: perde colpi sul lavoro, si ammala più spesso, vive meno di lei. Il sesso forte è diventato fragile. Ma questa non è una vittoria, per le donne. E la vera speranza sta in una società che sia per tutti più dolce
di Luisa Grion

Partiamo dalla scuola: i ragazzi l'abbandonano più facilmente rispetto alle loro compagne di banco e così facendo, almeno in teoria, si giocano parte del futuro. A che tipo di lavoro saranno destinati in una società che richiede di apprendere di tutto e di più? In Italia il fenomeno è più evidente nelle scuole superiori. Secondo l'Istat, nei cinque anni di corso se ne vanno in media il 9,8 per cento dei maschi contro il 6,8 delle femmine. Stesso rapporto nelle bocciature: il 20,5 per cento dei ragazzi ripete l'anno contro l'11,6 delle femmine. Nelle coppie giovani sempre più spesso è la donna che ha studiato di più, che si laurea prima e con i voti più alti. «Riesce meglio non perchè studi tanto di più», spiega Alessandra Graziottin, sessuologa, «ma perché ha più energia».

La situazione in Italia

1996
2.483.261 iscritti alle superiori di cui
1.236.664 femmine (49,8%)
1.246.597 maschi (50,2%)

1995-1996
311.053 matricole universitarie di cui
147.551 maschi (47,4%)
163.502 femmine (52,6%)

1995
20.010.000 occupati di cui
12.933.000 maschi (64,9%)
7.077.000 femmine (35,1%)
2.725.000 in cerca di lavoro di cui
1.311.000 maschi (48,1%)
1.414.000 femmine (51,9%)

1993-1994
498.407 diplomati di cui
253.055 femmine (50,8%)
245.352 maschi (49,2%)
98.057 laureati di cui
51.784 femmine (52,8%)
46.273 maschi (47,2%)

(Fonti: Min. Pubblica Istruzione, Istat e Censis)

D - La Repubblica delle Donne

53

Le donne sono più intelligenti degli uomini?

PRO

1. Hanno un cervello più efficiente degli uomini perché usano più aree cerebrali.
2. Il cervello delle donne ha un corpo calloso più spesso e quindi interagisce meglio in tutti i tipi di attività.
3. Le donne hanno una superiore capacità verbale e di scrittura.
4. Anche se nelle donne il cervello è più piccolo, il rapporto fra massa cerebrale e il peso del corpo è uguale nei due sessi.
5. Le statistiche dimostrano che le donne ormai sorpassano gli uomini nell'ottenere diplomi e lauree.
6. La zona primitiva del sistema limbico del cervello è più sviluppata nell'uomo: usa l'intelligenza e l'aggressività.
5. Se le donne non si affermano nel mondo del lavoro è perché ci sono troppi pregiudizi verso di loro.
6. Spesso non fanno delle carriere brillanti solo perché sono meno aggressive.
7. Pur avendo grossi potenziali, molte donne rinunciano ad affermarsi nel lavoro per dedicarsi alla famiglia.
8. Le donne hanno ricevuto meno riconoscimenti internazionali perché la loro carriera è ostacolata dalla società maschilista.

12

CONTRO

1. Le donne hanno il cervello più piccolo.
2. La maggior efficienza cerebrale si limita alle capacità linguistiche.
3. L'intelligenza degli uomini è superiore per risolvere problemi spaziali e dell'orientamento.
4. La corteccia del cervello, nella quale si sviluppano i ragionamenti, è uguale nei due sessi.
5. Le funzioni cerebrali sono anche regolate dagli ormoni, perciò la ciclicità delle donne le rende più instabili.
6. Nelle donne le emozioni dominano sulla ragione. Sono inaffidabili per grosse responsabilità di lavoro.
7. L'istinto femminile è di accudire alla famiglia, non di affermarsi nella società.
8. Sono in minoranza nella comunità scientifica.
9. Hanno ricevuto meno premi Nobel ed altri riconoscimenti internazionali.
10. Si ricordano poche donne pittrici, compositrici o poetesse nella storia dell'umanità.

Bisogna educare i giovani con il massimo del permissivismo?

Prendere a schiaffi i figli, ma con amore: il falso mito della violenza "buona"

Il colpo di frusta, messo al bando come strumento educativo dagli aristocratici college inglesi solo da pochi anni, fa ora la sua ricomparsa in edizione riveduta e corretta. E ad uso esclusivamente familiare. Si tratta del cosiddetto "schiaffo dato con amore", sponsorizzato in una recente intervista alla Bbc dal capo della chiesa anglicana, l'arcivescovo di Canterbury, come miglior antidoto alla disubbidienza dei figli. Un paradosso, naturalmente: dato "con amore", ogni ceffone si trasformerebbe in carezza. Quando volano le sberle, è evidente invece che l'affetto cede il passo ad altri sentimenti, che pure ne fanno parte: l'aggressività e la rabbia. Lo sanno bene i genitori, quando perdono la pazienza. E probabilmente anche l'arcivescovo di Canterbury, che avendo ben quattro figli parla per esperienza diretta. Ma il binomio educazione-violenza è duro a morire. Anche nella civilissima Inghilterra che, come si sa, vanta una solida tradizione a riguardo.

RESTA UN'AGGRESSIONE CHE FERISCE IL CORPO. E, QUEL CHE È PEGGIO, L'ANIMA
QUELLI CHE NE SOFFRONO DI PIÙ SONO I BAMBINI INTROVERSI, TIMIDI E SENSIBILI

Ma che significato ha un gesto come la sberla? E come si riflette su chi la subisce? Esistono tre tipi fondamentali di violenza: quella fisica, che colpisce il corpo. Quella psicologica, che ferisce l'identità della persona. E quella sociale, che la discrimina, la discredita, la umilia. La sberla non è mai una violenza esclusivamente fisica, la cui gravità dipende dalla forza con cui la si affibbia. Perché provoca sempre una ferita psicologica più o meno profonda, secondo il modo in cui viene vissuta da chi la subisce. Molto dipende dal carattere del bambino. Dalla sua età. E naturalmente anche dal modo in cui la sberla viene data.

Chi è introverso, timido, sensibile è più vulnerabile di chi ha invece un carattere esuberante, estroverso, volitivo. Questo non significa che si possono picchiare tranquillamente i figli estroversi. Ma per loro la sberla è sicuramente meno traumatica. E lascia cicatrici meno indelebili.

di Vittorino Andreoli
psichiatra e scrittore

LA SBERLA PUÒ ANCHE ESSERE IL MALE MINORE. MA NON È MAI UNO STRUMENTO EDUCATIVO
È UTILE ANDARE A RILEGGERSI QUELLO CHE SCRIVEVA JEAN JACQUES ROUSSEAU

I figli non possono reagire in modo diretto alla violenza che subiscono, soprattutto quando diventa cronica. E finiscono per accumularla dentro di sé. Per poi rivolgerla fatalmente contro gli altri. O contro se stessi, in quella forma distorta di aggressività che è il masochismo. Lo dimostrano le ricerche più attuali. Ma ne aveva già parlato, secoli fa, un grande pedagogista, Jean Jacques Rousseau. Perché dimenticarlo?

> **LA LUNGA STRADA DEI DIRITTI**
> **NEW YORK, 1874:** PRIMO CASO DI MALTRATTAMENTO INFANTILE DIFESO DALLA SOCIETÀ PER LA PROTEZIONE DEGLI ANIMALI. **ITALIA 1996:** 1 MILIONE DI MINORI MALTRATTATI. 200 MILA RAGAZZI IN SITUAZIONE DI ABUSO. LA CASSAZIONE CONDANNA LA VIOLENZA A "SCOPI EDUCATIVI".

Io

Genitori progressisti? No, pigri

colloquio con Goffredo Fofi

«Igenitori di sinistra? Sono pigri. Non chiedono di più ai figli perché chiedono pochissimo a loro stessi. Il loro aspetto più disdicevole è che sono poco di sinistra». Goffredo Fofi, critico, ideologo, nonché maestro elementare, di figli non ne ha. Però ne ha allevati tanti:

Anche lei, Fofi, punta il dito contro i genitori di sinistra?

«Giocano troppo sui previlegi, sia economici che culturali. I genitori di sinistra educano con convenzioni, luoghi comuni, ragionamenti che sono i loro. Non sono capaci di aprire i figli al mondo, di buttarli nella vita dando loro una forza interiore. Se li tengono troppo stretti: e i ragazzi diventano poco curiosi».

Il disagio in Italia

Anoressia: Ne soffrono 800.000 ragazze.

Ecstasy: ne sono state sequestrate 28.000 dosi nel '94 (2.800 nel '90).

Incidenti d'auto: quelli del dopo-discoteca sono aumentati dell'82 per cento negli ultimi dieci anni. È la prima causa di morte fra i giovani sotto i 21 anni.

Depressione: mezzo milione di casi in età scolare.

Alcol: ne abusano 80.000 ragazzi (quasi tutti maschi) tra i 15 e i 24 anni.

Baby criminalità: nel '95 sono stati denunciati 45.000 minorenni.

PER EDUCARE I FIGLI SERVE...

	TOTALE	UOMO	DONNA
Dialogo costante	50,7	42,4	56,5
Passare molto tempo libero insieme	12,0	17,6	8,1
Dare il buon esempio, essere una guida	9,6	8,2	10,5
Amore, affetto	6,2	1,2	9,7
Autorità, disciplina, severità	4,8	7,1	3,2
Armonia, serenità in famiglia	3,3	4,7	2,4
Dare fiducia	2,9	1,2	4,0
Punizioni generiche (es. a letto senza cena)	1,9	1,2	2,4
Spiegare i motivi di un divieto	1,9	3,5	0,8
Buona educazione, buone maniere	1,9	3,5	0,8
Proibizioni di cose desiderate (es. tv)	1,0	1,2	0,8
Qualche ceffone ogni tanto	1,0	1,2	0,8

QUANTI GENITORI OGNI TANTO DANNO SCHIAFFI AI FIGLI?

	TOTALE	UOMO	DONNA
Più o meno tutti	28,7	28,2	29,0
Molti	45,9	47,1	45,2
Non tanti	21,1	20,0	21,8
Quasi nessuno	4,3	4,7	4,0

Teenager esagerati: come difendersi. E salvargli la vita

Bevono. Si impasticcano. Viaggiano a 200 all'ora. C'è chi consiglia gli schiaffi, per fermarli. E chi spegne la tivù. Ma molto più dei no, servono i sì. Se ben dosati

Secondo Tony Blair, leader dei laburisti inglesi, i genitori sono stati fin troppo pazienti. Per rimettere in riga i ragazzi che si impasticcano, vanno a 200 all'ora e passano le notti in estenuanti rave party, non c'è che un mezzo: ripristinare i sani ceffoni. Anche per la psicologa americana del momento Mary Pipher, autrice di un saggio da pochi giorni pubblicato negli Usa, *In the shelter of each other*, per salvare i giovani bisogna tornare alla tradizione: spegnere la tivù e dialogare in famiglia. «Da quando la famiglia non è più un punto di riferimento, quello che conta è il gruppo. Che accetta e protegge» sostiene lo psicanalista Massimo Ammaniti. Magari con l'aiuto di un po' di ecstasy: «Che fa andare al massimo, in una società che i giovani ritengono immutabile» dice lo psichiatra Paolo Crepet. Non è facile convivere con i teenager. Con i loro codici incomprensibili. Piercing e tatuaggi, segni di identità illeggibili. Una passione smodata per i decibel. È davvero tutta colpa della tivù? «Le tendenze giovanili hanno i loro canali, misteriosi per noi adulti. Inutile accusare tivù e pubblicità» dice ancora Ammaniti. Che nella "ricetta Pipher" non crede affatto. E neppure nei ceffoni. Quello che serve sono regole chiare. E, soprattutto, il coraggio di definirle. Limiti. Orari. Un po' di rigidità.

Bisogna educare i giovani con il massimo del permissivismo?

PRO

1. L'unica strada giusta è il dialogo.
2. Se un giovane non capisce cos'è giusto con il ragionamento, non lo capirà certamente con l'imposizione.
3. L'autoritarismo produce solo effetti contrari.
4. I giovani devono abituarsi ad essere responsabili dai primi anni.
5. La punizione non risolve nulla. Bisogna capire i propri errori.
6. La punizione va bandita perché genera violenza.
7. L'educatore non può diventare un despota.
8. La punizione allontana i figli dai genitori.
9. Solo affetto, dialogo e comprensione fanno avvicinare i giovani ai loro educatori.
10. La scuola deve essere formativa, non può usare metodi tirannici.
11. L'autoritarismo può creare traumi irreversibili.
12. Sbagliando s'impara. I giovani troveranno le soluzioni dei loro problemi con l'esperienza.
13. Usando le punizioni anche i genitori e gli insegnanti commettono errori: dovrebbero farsi l'esame di coscienza.

CONTRO

1. Non bisogna confondere l'autoritarismo con l'autorevolezza.
2. I giovani non hanno bisogno solo di dialogo ma anche di direttive.
3. Il permissivismo può generare confusione tra i giovani.
4. Dare regole non vuol dire degenerare nel dispotismo.
5. Una punizione ponderata può responsabilizzare i giovani.
6. I genitori troppo permissivi sono contestati dai loro stessi figli.
7. I genitori troppo liberali creano insicurezze, fuggono dalle loro responsabilità.
8. Meglio dire "no" piuttosto che "fai tu, che poi se ne parla".
9. Non si può pensare di risolvere tutto con le parole, ci vogliono fatti.
10. I genitori progressisti sono pigri: non vogliono affrontare il difficile ruolo di educatori.
11. Nel mondo della scuola i giovani hanno anche dei doveri: dovrebbero "pagare" delle sanzioni quando sbagliano.
12. Sia a scuola che a casa hanno bisogno di decisione e fermezza.
13. Il permissivismo può creare dei grossi problemi (droga, depressione ecc.), le famiglie sono colpevoli.

13

Anche le coppie omosessuali hanno diritto di sposarsi e avere figli?

AMARE UNA DONNA. E VOLER ESSERE MADRE. NON È PIÙ UN AUT AUT, MA RESTA UNA SCELTA DIFFICILE. SOPRATTUTTO PER I FIGLI. CHE DEVONO AFFRONTARE I PREGIUDIZI DEL MONDO

Maternità e lesbismo: un pensiero quasi inconciliabile ancora per molti. Un'idea inquietante e scomoda. Oppure del tutto contraddittoria, e quindi inaccettabile. Soprattutto per il pensiero euro-americano che, per definizione, elimina e condanna la differenza, specialmente in tutti i casi in cui interviene a trasformare o sovvertire un'idea fondamentale: quella su cui si basa la famiglia occidentale, unica e (ancora) patriarcale. La famiglia per definizione, costituita da una donna e da un uomo, entrambi con potenziale procreativo.

Due donne lesbiche e madri, eliminando il maschio dalla relazione, determinano una profonda alterazione del modello familiare dominante, delle configurazioni familiari, affettive, sociali e sessuali occidentali. In un importante studio dell'84 l'antropologo americano David Schneider lo sottolinea: per gli euro-americani la famiglia è questo, legami affettivi (uomo-donna) da cui nascono legami biologici (figli-genitori). Non altro. In quest'ottica, qualsiasi altra possibilità (o qualsiasi altro legame) è negato di consistenza, affettività, amore.

Una donna madre e lesbica rappresenta, in questo senso, il punto estremo. Una rottura sociale e culturale, sia in Italia, sia negli Stati Uniti, in Gran Bretagna o nella maggioranza dei Paesi europei: quasi ovunque, a parte forse in Olanda e in Danimarca, lesbismo e maternità, sono vissuti come inconciliabili, come negazione della coppia eterosessuale e, quindi, del modello familiare e genitoriale prevalente.

> **"SOLO DAGLI ANNI OTTANTA LE LESBICHE PARLANO DI DIRITTO ALLA MATERNITÀ**

> **"I FIGLI DI COPPIE AL FEMMINILE SONO BAMBINI PIÙ PROTETTI E PIÙ AMATI DEGLI ALTRI**

SI PUÒ FARE A MENO DEL PADRE?

MASSIMO AMMANITI, neuropsichiatra: docente di psicopatologia dell'età evolutiva

M.C. Cosa ne pensa di questi "figli della provetta", nati e vissuti nell'assenza del padre?
M.A. Il padre è sempre stato piuttosto assente nella vita familiare: una volta gli uomini andavano in guerra, lavoravano all'estero. Quindi non è tanto importante la loro presenza, quanto la capacità della madre di evocarne la figura. Oggi è diverso, le donne sole non riconoscono nessun ruolo al padre dei propri figli. E studi americani sulla situazione dei single-parents hanno dimostrato che i bambini cresciuti da un solo genitore hanno un difficile sviluppo emotivo e una scarsissima identità di genere.

FRANCESCA MOLFINO, psicanalista:

M.C. Dal punto di vista psicologico, venire allevati da una coppia omosessuale, o dalla sola madre, è davvero rischioso?
F.M. In realtà, la scelta o il desiderio di procreare di tante donne lesbiche propone alla riflessione etica una realtà che di fatto esiste da sempre: quella di famiglie composte esclusivamente da donne, nelle quali il padre era di fatto assente. Il vero problema è che nella coppia eterosessuale il bambino impara subito a misurarsi con le diversità (con il maschile e il femminile), mentre non è così scontato che le apprendano vivendo con la coppia omosessuale. Quella sessuale è la differenza più macroscopica, ma non è da sottovalutare quella che riguarda i ruoli.

Marie Claire

14

Anche Buffalo Bill era gay?

Buffalo Bill, il grande eroe del West.

L'emarginazione sociale delle persone omo o bisessuali è un fenomeno recente, e limitato all'Occidente industrializzato. Curiosamente, furono le rivoluzioni borghesi del Settecento a bollare questi gusti come un vizio aristocratico, imponendo il modello eterosessuale e monogamico che trionfò nell'Ottocento e rimase dominante fino a qualche decennio fa.

Segnali di parità

Secondo le statistiche dell'Organizzazione mondiale della sanità, gli omosessuali (maschi e femmine) costituiscono il 5 per cento dell'umanità: in Italia sarebbero quindi almeno 3-4 milioni. Come avviene in altre grandi città del mondo, anche a Roma è prevista una manifestazione per l'"orgoglio gay" nel 2000, l'anno del Giubileo. Non solo per uscire allo scoperto, ma per rivendicare gli stessi diritti delle coppie eterosessuali: una richiesta in parte già accolta in Europa. Ecco alcuni segnali di apertura:
• Parlamento Europeo Promuove l'equiparazione dei diritti delle famiglie tradizionali a quelle "di fatto": coppie non sposate ma conviventi, fra cui anche i gay (8/2/94).

Anche ai gay la pensione di vedovanza

TEL AVIV

Un omosessuale israeliano, Nadir Steiner, ha ottenuto di essere considerato ufficialmente vedovo dell'uomo con il quale conviveva, Doron Mazel, un ufficiale dell'esercito. È la prima volta che ciò avviene, ha riferito ieri la Radio delle forze armate dello Stato ebraico.

Lo ha deciso ieri la Corte d'appello di Tel Aviv, cui Steiner si era rivolto dopo che l'esercito gli aveva comunicato di non essere intenzionato a dare il proprio assenso alla concessione della pensione.

Amnon Ben Dror, l'avvocato di Steiner, ha espresso la sua soddisfazione per la sentenza. «Si tratta - ha detto - di una decisione storica: è la prima volta al mondo che a un coniuge omosessuale viene riconosciuta la vedovanza».

Il Giornale

Ma a Bologna già si sposano

Conquiste e obiettivi delle coppie omo

A Bologna ci si sposa già, anche se per ora solo simbolicamente. Tre settimane fa, alla presenza dei consiglieri comunali Valerio Monteventi e Marcella di Folco, Enzo e Bruno, due giovani omosessuali, sono convolati a nozze iscrivendosi nel registro delle unioni civili istituito nella sede dell'Arcigay, al Cassero. In Toscana, a Empoli, il consigliere comunale gay Flavio Arditi è riuscito addirittura ad adottare un ragazzo. A Latina, il presidente del tribunale Antonio Paolino, al termine di una causa di divorzio, ha preferito affidare un bambino al genitore omosessuale, ritenuto più affidabile, piuttosto che alla madre. Ancora a Bologna, all'inizio di luglio, 20 mila

L'Espresso

L'UNIONE OMOSESSUALE NON È MATRIMONIO

«Non avete letto», afferma Gesù, rivolgendosi ai farisei, «che il Creatore, da principio, li fece maschio e femmina e disse: "Per questo l'uomo si unirà alla sua moglie, e i due formeranno una carne sola? Pertanto non sono più due ma una sola carne"» (*Matteo* 19,4-6). Gesù non dice che l'uomo si unirà a un altro uomo ma a sua moglie. Questa unione avviene nel matrimonio, per il quale i due diventano una carne sola con un legame così forte da passare in second'ordine i vincoli indistruttibili che legano l'uomo a coloro da cui ha ricevuto la vita. Questo è il vero matrimonio secondo la legge naturale voluto dal Creatore e da Gesù Cristo elevato alla dignità di sacramento, mentre il cosiddetto "matrimonio" omosessuale è contrario alla legge di Dio, condannato dalla Chiesa e dalla coscienza dell'Occidente cristiano.

Famiglia Cristiana

> *Per la Chiesa il modello familiare uomo-donna, voluto da Dio sin dalla Creazione ed elevato da Cristo a sacramento, è la sola forma valida.*

Anche le coppie omosessuali hanno diritto di sposarsi e avere figli?

PRO

1. L'omosessualità non è una perversione è nell'ordine della natura (pare che esista un gene dell'omosessualità).
2. Gli omosessuali sono circa il 5% dell'umanità: è ingiusto demonizzarli.
3. Molte coppie eterosessuali decidono comunque di non procreare.
4. L'importante è amare e rispettare il/la proprio/a partner.
5. Le coppie omosessuali hanno diritto a tutti i benefici assistenziali di cui godono le coppie eterosessuali.
6. Negare i sussidi alle coppie omosessuali va contro il Parlamento europeo.
7. Nei paesi dove i gay detengono un potere economico, esistono benefici assistenziali per i partner omosessuali
8. I pregiudizi possono cambiare col tempo.
9. Bisogna educare i bambini ad accettare il "diverso" fin da piccoli.
10. Le statistiche dimostrano che i giovani sono favorevoli alle adozioni da parte di coppie omosessuali.
11. Se non si argina l'intolleranza, si vedranno sempre più episodi di violenza contro gli omosessuali.
12. Anche i gay e le lesbiche hanno diritto di adottare dei figli: i bambini hanno solo bisogno di affetto ed attenzione.
13. In molte coppie eterosessuali i bambini sono maltrattati e non amati.

CONTRO

1. Se non c'è la possibilità di procreazione, non ha senso sposarsi.
2. Non si può accettare la "civiltà del godimento".
3. Crea confusione nei bambini: si devono avere due figure di riferimento di sesso diverso, il padre e la madre.
4. Sancirebbe la fine della famiglia.
5. Le famiglie eterosessuali sono le colonne della società.
6. A questo punto non resta che aspettarsi le unioni tra uomini e animali!
7. I bambini adottati avrebbero due padri o due madri: ciò sarebbe traumatico!
8. La maggioranza della gente è contraria.
9. Il Creatore ha fondato la famiglia sul rapporto uomo-donna.
10. L'unione tra omosessuali va contro le leggi della Natura.
11. Le coppie omosessuali sono moralmente riprovevoli.
12. È contrario alle leggi delle Sacre Scritture.
13. Non si può paragonare la famiglia tradizionale ad altri tipi di convivenze.

14

È giustificabile il crescente atteggiamento razzista?

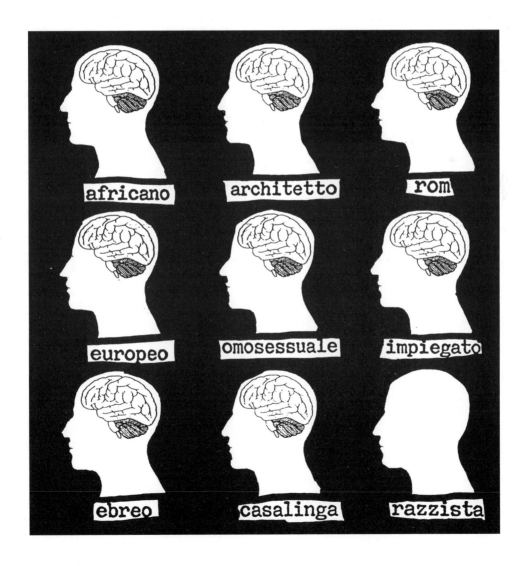

È pigmentazione e la chiamate razza

Dove nasce l'odio? Dal sospetto nei confronti del diverso. Il grande studioso che ha tolto l'alibi scientifico al razzismo dice la sua sulle differenze fra i popoli, le migrazioni, l'evoluzione umana

Abbiamo incontrato Cavalli-Sforza nella sua villa nei pressi di Stanford, l'università californiano dove ha una cattedra dal 1971.

Professore, i suoi studi vengono considerati la risposta della scienza al razzismo. E ora è stato messo a capo del Human Diversity Project, il progetto per la diversità umana. Di cosa si tratta?

«Vogliamo creare una banca della diversità, perché la diversità genetica delle popolazioni ci aiuta a comprendere l'evoluzione della nostra specie; non abbiamo molto tempo perché le popolazioni indigene si stanno assimilando. Abbiamo costituito quattro diverse regioni nel mondo e ne occorreranno altrettante. Oltre ai problemi finanziari dobbiamo superare però alcuni ostacoli politici».

Eppure, anche di fronte all'evidenza scientifica, molti sembrano voler credere che non sia così. Perché questa ossessione della razza? E perché adesso?

«Il sospetto nei confronti del diverso e del forestiero non è certo un fenomeno nuovo: per i greci erano barbari, cioè balbuzienti, tutti quelli che non sapevano parlare greco. E bisogna dire che in una strategia per la vita ha le sue giustificazioni. Il diverso crea ansia ed è per questo che formiamo i nostri piccoli gruppi, che tendiamo a dividere il mondo in noi e loro. Abbiamo il nostro paese, la nostra razza, il nostro partito politico, la nostra squadra di calcio. E mentre tutti gli altri sono potenziali nemici, noi siamo automaticamente sempre i migliori. La pensano così i bianchi, i cinesi, gli interisti, probabilmente anche i pigmei, convinti di vivere una vita più felice. E forse hanno ragione. Peccato non abbiano strumenti scientifici per misurare la felicità».

L'Espresso

Ma le differenze tra le varie popolazioni umane ci sono...

«Sì, ma stiamo parlando di pigmentazione della pelle e di caratteristiche morfometriche, non di geni. L'occhio, per esempio, ci suggerisce che aborigeni dell'Australia e africani siano molto simili. Il sangue ci dice invece che sono le due popolazioni più lontane».

E noi europei bianchi?

«Siamo frutto di una convergenza di geni per un terzo africani e per due terzi asiatici».

Se si presenta a giovani naziskin con le sue tabelle, che cosa le dicono?

«Se ne fregano. Spesso, anzi, mi mandano lettere e messaggi di odio. Che si tratti di un anziano senatore o di un giovane fanatico, il razzista è un tipo difficile da convincere. Credo che gran parte dei pregiudizi vengano trasmessi dalla famiglia ed è per questo che la scuola può giocare un ruolo importante. Io farei studiare a tutti un po' di medicina e anche il calcolo delle probabilità, per aiutare a comprendere l'importanza del caso».

Le diranno: come fa a non riconoscere le differenze, a non vedere che i tedeschi sono più disciplinati, gli italiani più fantasiosi, i giapponesi più intelligenti...

«Le differenze sono così piccole che non riesco a concepire l'esistenza di una spiegazione genetica. Quelle sono differenze culturali, così come il fatto che i russi giocano di più a scacchi perché ci sono molti club e i cinesi a ping pong perché vivono in un Paese troppo povero per avere i campi da tennis».

Cosa pensano i bambini italiani?

**Ferrara
III elementare**

Se i miei genitori fossero neri non li abbraccerei, non gli farei le coccole. Se i miei genitori fossero neri non mi faccio accompagnare a scuola per mano.

**Ambra, Arezzo
IV elementare**

Se i miei genitori fossero neri gli odierei a tal punto di mandarli via o senno me ne andrei io.

**Colle Val d'Elsa, Sien
I medi**

Se i miei genitori fossero neri io li odierei perchè qua do passano di vicino lasciano un odore sgradevole.

**Abbiadori, Sassari
V elementare**

Se i miei genitori fossero negri io avrei la carnagione nera.
I miei genitori se fossero stati negri gli potrebbero prendere in giro perchè i negri sono un po' ritardati di mente.

**Montecchio Maggio
IV elementar**

Se i miei genitori fossero neri, io penserei che sarebbero arrivati dall'Africa. Oppure li metterei in lavat ce con Dasch, Dasch Ultra, Omino Bianco, Atlas, A detersivo, Ava, Dixan 2000, Coccolino, Aiax, così s rei sicuro che ritornerebbero normali.

P. Tabet, "La pelle giusta", Einaudi

15

Spetta ai popoli del Nord guidare il mondo intero

Per questo tipo di razzismo esistono etnie che, oltre a caratteri genetici selezionati, hanno una più solida ed elevata tradizione storica e culturale. Per questo spetta a loro il dominio del mondo.

<u>Quando è nato</u>. Il razzismo ideologico si sviluppa in Europa già all'inizio dell'Ottocento: nel 1809 Friederich Ludwig Jahn, pensatore e pedagogo tedesco, pubblica "L'essenza nazionale tedesca", in cui sostiene che gli unici popoli "santi" sono i greci (nel passato) e i tedeschi (nel presente). Fra il 1853 e il 1855, Joseph Arthur de Gobineau, diplomatico francese, scrive il "Saggio sull'ineguaglianza delle razze umane". Nel 1899 Houston S. Chamberlain, filosofo e musicologo, pubblica "I fondamenti del XIX secolo": la razza eletta, degna di assumere la guida dell'umanità, è quella germanica, o comunque -sostiene- di origine nordica (compresi gli slavi e i celti biondi). A essa si contrappone la razza ebraica, assolutamente priva di qualità.

<u>Come si esprime</u>. Nella prima metà del Novecento il razzismo ideologico trova terreno fertile, perché dopo la prima guerra mondiale la crisi economica esaspera i nazionalismi europei e quindi i pregiudizi razziali. Nel 1933 Hitler sale al potere in Germania e inizia la persecuzione dei "nemici della razza ariana", cioè ebrei, slavi, zingari, omosessuali, malati di mente .

Un cartello su una vetrina a Roma, nel 1938, dopo le leggi razziali.

Si può uccidere per affermare la superiorità del proprio Dio

Componenti razzistiche sono presenti ogni volta che una religione viene considerata dai propri seguaci come l'unica vera e infallibile e quindi anche come l'unica legittimata a esistere.

<u>Quando è nato</u>. Nel Medio Evo quando, con le Crociate, cominciò lo scontro tra le due grandi religioni monoteiste, il cristianesimo e l'islamismo. Quando l'ostilità si fece più acuta, altri popoli finirono per essere assimilati a quello rivale, come accadde, per esempio, con i tartari o gli ungari, considerati dai cristiani figli del demonio. Molte sette fondamentaliste cristiane ancora oggi si rifanno a un'interpretazione letterale di un passo della Bibbia, nel quale Noè condanna il figlio di Cam, ritenuto progenitore dei popoli camiti, a essere schiavo dei suoi fratelli.

<u>Come si esprime</u>. Quando il "nemico" non viene esiliato o ucciso, gli si impone la conversione forzata. Ma questa spesso non basta. Nel Cinquecento, in Spagna, capitava di dover dimostrare la propria "purezza di sangue", cioè di non essere discendenti di quegli arabi o ebrei che nel secolo precedente si erano convertiti al cattolicesimo per non essere espulsi.

Focus

"Voglio bene alla mia gente perché è bianca, adoro i miei figli perché sono bianchi. In sostanza, non odio i negri, ma amo i bianchi"

"Non ho mai avuto amici di colore. Una volta ho conosciuto una messicana, poi lei ha capito che ero del Kkk e allora non ci siamo più viste"

Rachel si definisce l'immagine "moderna" della setta razzista più temuta degli Stati Uniti. E sogna addirittura la Casa Bianca

«Non parlo mai di "sporchi negri" in casa», spiega Rachel Pendergraft con il più disarmante dei sorrisi. «E cerco sempre di non sminuire le persone di colore quando parlo con loro. Ma è importante insegnare l'orgoglio razziale ai propri figli fin dalla più tenera età. I bambini bianchi d'America sono stati costretti a sentirsi in colpa troppo a lungo.

Elle

15

È giustificabile il crescente atteggiamento razzista?

PRO

1. È giusto difendere il proprio paese da presenze estranee alla propria cultura e tradizione.
2. La cultura occidentale è superiore. Se non lo fosse non avrebbe dominato tutto il mondo.
3. Bisogna essere orgogliosi della propria cultura e delle proprie peculiarità etniche.
4. Non ci si deve sentire in colpa per la propria superiorità.
5. Anche gli animali difendono il loro territorio: è naturale.
6. Gli uomini, come le piante e gli animali, devono restare nel loro ambiente naturale e congenito.
7. È normale preferire i propri consimili a persone provenienti da altri gruppi etnici/religiosi.
8. Le persone provenienti da altri gruppi etnici/religiosi portano usanze barbare e inquinano la nostra cultura occidentale.
9. Non bisogna aprirsi alle minoranze: finiremo per perdere la nostra identità!
10. Le minoranze provenienti dai paesi in via di sviluppo sono ancora primitive: non sanno vivere nel mondo civile.
11. L'unica religione accettabile è quella dei gruppi dominanti nei paesi industriali.

CONTRO

1. È provato che non esiste scientificamente il concetto di razza umana.
2. Discendiamo tutti dalla stessa madre nera nata in Africa 100.000 anni fa.
3. Tra le varie popolazioni non esistono differenze genetiche tali da poter essere definite differenze di razza.
4. Tra i vari popoli esiste solo una differenza di pigmentazione.
5. Si confondono le diversità culturali con quelle genetiche.
6. Gruppi etnici che sembrano simili possono essere i più lontani geneticamente (es.: gli africani e gli aborigeni australiani).
7. Gli europei bianchi sono per 1/3 africani e per 2/3 asiatici.
8. Anche negli animali esiste la difesa del territorio ma non l'odio, che viene come conseguenza dell'educazione.
9. Si teme il "diverso" per paura che ci possa togliere i nostri privilegi economici.
10. Le famiglie e la scuola devono educare fin da bambini alla tolleranza e ad non essere xenofobi perché le società del futuro saranno tutte multirazziali.
11. Aprirsi a nuove culture porta ad una crescita ed arricchisce la propria personalità e le proprie esperienze.

15

L'istituto del matrimonio è destinato a scomparire?

E all'improvviso una irresistibile voglia di sposarsi

« Ho 24 anni e da più di due sto con un ragazzo di quasi 30. È onesto e simpatico. Purtroppo, però, ha una forte idiosincrasia per i vincoli troppo stretti, tra cui naturalmente il matrimonio. Comunque, fino a qualche tempo fa l'idea di sposarmi non mi aveva mai sfiorata. Ma adesso, innamorata pazza, mi accorgo di provare una forte invidia se leggo annunci matrimoniali che riguardano altri, e mi viene il magone quando parenti e amici mi chiedono: "Allora quand'è che ti sposi?". Così mi è venuta una sorta di ansia inspiegabile: ho paura di arrivare in ritardo su tutto: matrimonio, figli... Sono intelligente, carina, ma da quando mi è venuta questa fissazione mi sento inadeguata, diversa. Anche un po' stupida, alle volte. Perché questa improvvisa voglia di sposarmi?».

Barbara - Milano

Io - Donna

Cara Barbara, la sua voglia di sposarsi va controcorrente rispetto ai dati statistici sull'andamento dei matrimoni, che nel nostro paese sono in costante diminuzione. Ciò nonostante, è perfettamente legittimo il suo desiderio di formalizzare una convivenza che dura da più di due anni.

L'80 per cento delle coppie infatti si sposa. Interrogate sul perché lo facciano, la maggior parte evoca motivi del tutto contingenti: "per festeggiare", "per ricevere un sacco di regali", "per far contenta la mamma", e così via. Ma è possibile che si affronti un passaggio tanto importante per motivi così futili? Non è in realtà per questo che ci si sposa, se si ascolta davvero l'inconscio. Ma piuttosto per un desiderio di eternità e di assoluto che, a un certo punto, l'intensità dell'amore tende a tradurre nella continuità del matrimonio.

16

ROMA — Se in Italia due matrimoni su dieci vanno a picco la colpa è delle telenovelas. Monsignor Renzo Bonetti, direttore dell'Ufficio Nazionale della Cei, all'indomani della pubblicazione dei dati Istat sulla crisi delle famiglie italiane, commenta le statistiche dal le quali risulta che separazioni e divorzi riguardano ormai il 22 per cento delle coppie. «Telenovelas, film e trasmissioni televisive di vario tipo — ha detto monsignor Bonetti in un'intervista rilasciata al Sir — non fanno altro che dire che una coppia stabile non è necessaria, ci propongono modelli alterati dei rapporti di coppia e disvalori. I mezzi di comunicazione sociale dovrebbero invece contribuire alla formazione globale dell'individuo. Vogliamo deciderci — ha proseguito il prelato — a dire che la coppia stabile, che ha costruito dei rapporti sereni, di autentica promozione delle due persone e è un bene inestimabile?»

La Repubblica

Ridge Forester nello sceneggiato "Beautiful"

Per monsignor Bonetti della Cei molti programmi diffondono modelli negativi: "Dicono che la coppia stabile non è necessaria"

"Famiglia in crisi tutta colpa delle telenovelas"

L'infedeltà? Una medicina

«La felicità di coppia è direttamente proporzionale alla fedeltà», sostiene lo psicologo John Gottman. «Un'avventura extraconiugale è probabilmente il colpo più duro per il matrimonio, ma ci sono coppie che, dopo il tradimento, riescono a recuperare bene: due su tre restano insieme e spesso il loro rapporto diventa perfino più ricco di prima». **Terapeutica?** Secondo lo psicanalista Aldo Carotenuto, l'infedeltà può essere addirittura terapeutica per la coppia. «Per durare, in amore, è necessario imparare a cedere una parte del partner, a spartirlo. E' impensabile un'unione in cui ognuno sia e resti per l'altro l'unico nutrimento emotivo e psicologico. Col trascorrere degli anni le aspettative di ognuno cambiano ed è normale cercare e trovare fuori dalla coppia qualcuno che risponda meglio alle nuove esigenze». **Adulterio.** Ma non per questo la coppia scoppia. Lo conferma Cesare Rimini, avvocato matrimonialista: «Raramente l'adulterio è causa prima di separazione. Meno che mai se a tradire è lui».

Focus

Secondo gli studi di Gottman tre tipi di coppie sono più solidi di altri. Ecco quali sono e come affrontano una discussione standard.

1. Conflittuali

Litigano su chi deve portare il cane a fare pipì e magari, cinque minuti dopo, sul perché della vita, per poi finire la schermaglia con una bella risata e tenere effusioni. Impetuosi, ilari e un po' aggressivi, di solito formano una coppia "alla pari": sono disposti a dirsi qualsiasi cosa, anche a confessarsi i tradimenti, consumati o desiderati. Ma le manifestazioni di affetto sono sempre più frequenti e plateali. Ed è questo che conta.

Marito: Non sei mai venuta in chiesa con me. Mi piacerebbe che qualche volta venissi.
Moglie: Lo sai che non credo nelle religioni organizzate.
Marito: Voglio battezzare Gianni.
Moglie (*alzando la voce*): Perché? Così, se muore non va in purgatorio?
Marito: Perché mi piacerebbe che si sentisse parte di una comunità religiosa.
Moglie: Scommetto che questo te l'ha detto il prete!
Marito: Anche se così fosse sono parole giuste.
Moglie (*sarcastica*): Sei un avvocato e non sai neanche usare parole tue!
Marito: Sono le parole del Signore.
Moglie (*ridendo*): E non vogliamo metterci contro Dio, vero?
Marito (*ridendo*): Dato che non te ne importa nulla, che cosa ti costa dire di sì?

2. Rispettosi

Espongono le proprie opinioni, ascoltano pazientemente quelle dell'altro (nei dialoghi sono molto frequenti espressioni come "capisco", "certo") e insieme arrivano a un compromesso soddisfacente per entrambi. Il tutto si svolge in modo educato e controllato. E' questa la ricetta della felicità? Non è detto. C'è il rischio di trasformare il matrimonio in un accordo, in cui l'amore è sacrificato sull'altare dell'amicizia e della comprensione.

Marito: Non sei mai stata in chiesa con me. Mi piacerebbe che qualche volta venissi.
Moglie: Lo sai che non credo nelle religioni organizzate.
Marito: Non ti sto chiedendo di farlo.
Moglie: Che cosa mi stai chiedendo, allora?
Marito: Mi sento solo senza di te.
Moglie: Mi stai dicendo che ti manco.
Marito: Sì, mi manchi.
Moglie: E non stai cercando di convertirmi?
Marito: Forse sì, forse no. Mi piacerebbe che fossimo assieme come le altre famiglie.
Moglie: In un certo senso mi manchi anche tu, la domenica mattina.
Marito: E sarebbe un bene per i ragazzi.
Moglie: Hai ragione.
Marito: Che ne dici di venire qualche volta?
Moglie: Va bene, ci penserò.

3. Non conflittuali

Arrivano soltanto alla prima fase della discussione, cioè quella dell'esposizione delle proprie idee, e poi si tirano subito indietro. Nessun tentativo di persuasione, nessun compromesso e nessuna discussione: al contrario, tendono a eludere il confronto, lasciando che sia il tempo a decidere per loro. L'introspezione, la comprensione, il dialogo non vengono presi in considerazione. Insomma, c'è il rischio di svegliarsi un mattino e di trovarsi di fronte a uno sconosciuto. Però funziona.

Marito: Non sei mai venuta in chiesa con me.
Moglie: Mmm, hai ragione.
Marito: Mi piacerebbe che qualche volta venissi.
Moglie: Preferisco stare a casa.
Marito: Va be', non è così importante.
Moglie: Sei sicuro che non sia importante?
Marito: Sì.
Moglie: Ti prometto che verrò alle gite domenicali.
Marito: Okay, va bene.

OCUS

E io torno dalla mamma

Il matrimonio finisce e loro si rifugiano in famiglia. Per sentirsi più liberi. E tanto amati

Mamma, son tanto felice perché ritorno da te, cantava il tenore Beniamino Gigli quasi 60 anni fa. Quella melodia oggi fa sorridere. Eppure le cifre dicono che, in Italia, "la musica", nei rapporti tra madre e figlio, non è cambiata. Nel 1997 l'Istat ha evidenziato che il 25 per cento degli uomini divorziati torna dalla mamma. Forse spinti da motivi di convenienza, che non possono comunque spiegare una percentuale così alta.

Donna Moderna

12% E' la percentuale delle coppie sposate italiane che divorzia (*dati Istat 1994*).

25% Sono le coppie sposate italiane che chiedono la separazione (*dati Istat 1994*).

60% Sono le coppie statunitensi che si separano o divorziano (*dati Census*).

53% Percentuale di donne sposate italiane che hanno avuto almeno un amante (*dati Asper*).

67% Sono gli uomini sposati italiani che tradiscono abitualmente la moglie (*dati Federazione italiana psicologi*).

Focus

16

L'istituto del matrimonio è destinato a scomparire?

PRO

1. Le statistiche parlano chiaro: matrimoni in declino, divorzi in aumento. È una tendenza irreversibile.
2. La crisi non arriva più al settimo anno. Molti giovani pensano a separarsi già nei primi anni di matrimonio.
3. Nel matrimonio si pietrificano i ruoli.
4. Molti non vogliono più avere figli: che senso ha legarsi a qualcuno?
5. La convivenza è meno rischiosa e meno vincolante.
6. La propria autonomia è schiacciata nel vincolo matrimoniale.
7. Molti si sposano solo per appagare un dovere sociale: le loro unioni non durano.
8. È finito il ruolo procreativo della famiglia: l'individualismo domina i nuovi valori.
9. Una volta, per le donne, il matrimonio ed i figli erano l'apice dei loro sogni.
10. Separazioni e divorzi sono stressanti: meglio evitare di sposarsi!
11. I divorzi sono diffusi in tutte le società industriali: bisogna imparare a lasciarsi civilmente.
12. Bisogna sostituire il matrimonio tradizionale con un "contratto" a termine rinnovabile dopo un certo numero di anni.

CONTRO

1. Bisogna imparare ad accettare i difetti del/della partner e conviverci.
2. Si deve capire che la coppia stabile e la famiglia sono un bene inestimabile.
3. I figli fanno le spese di tanti divorzi: bisogna pensare al loro benessere.
4. È colpa del consumismo: tutto viene consumato più in fretta, anche le relazioni matrimoniali.
5. È colpa delle donne che vogliono fare carriera a tutti i costi.
6. Bisogna cercare di conciliare il lavoro con la famiglia.
7. È assurdo cercare un rapporto perfetto: non esiste!
8. È colpa delle telenovelas e dei media che propongono coppie instabili.
9. Molti preferiscono la convivenza perché è provvisoria: sono degli insicuri.
10. L'infedeltà è una causa frequente delle crisi.
11. L'egoismo e l'incomunicabilità sono alla base delle crisi.
12. Bisogna saper rinnovare la coppia e non cadere nella routine.
13. I media esaltano l'erotismo: andrebbero rivalutati gli affetti, la tenerezza, la fiducia e la stima.

16

Il riso abbonda sulla bocca degli stolti?

Due belle risate per salvarsi la vita. Ma anche per non uccidere

RIDERE È TERAPEUTICO. MIGLIORA L'UMORE. E CI LIBERA DAL MALE

ESPORRE I DENTI È UN MODO PER ESORCIZZARE LA TENTAZIONE DI MORDERE

Non sempre, peraltro, il sorriso è segno di simpatia. C'è quello sardonico. Quello sprezzante. Quello enigmatico. Quello ironico. Variamente combinati con altri segnali corporei: lo sguardo, la postura, il tono della voce. È ciò che ci resta della comunicazione mimica, che l'uomo ha abbandonato a vantaggio della parola. Il sorriso può anche essere più o meno coerente con lo stato d'animo. *Abundat*, come si sa, *in ore stultorum*. I matti ridono molto, e non sempre a proposito. Ma capita anche ai "normali", con maggiore frequenza tra le donne: di scoppiare in una risata, cioè, mentre qualcuno sta raccontando qualcosa di inequivocabilmente tragico.

Il sorriso, infine, è anche terapeutico. Fa buon sangue, come si dice. Ha una comprovata funzione riequilibrante dell'umore. Ci libera dall'aggressività accumulata. La gran risata, cordiale, trascinante, è tipica delle persone sicure, consapevoli della loro forza. Esporre interamente la corona dei denti, mostrando tutto il proprio potenziale aggressivo, è un modo per liberarsi dalla tentazione di usarlo.

Io Donna

NELLE SOCIETÀ AGGRESSIVE COME LA NOSTRA SI SORRIDE MOLTO POCO

QUANDO LA VIOLENZA ESPLODE CHE BISOGNO C'È DI RITUALIZZARLA?

Da qualche tempo negli Stati Uniti si pratica la terapia del riso e del grido. Ci si raduna in gruppi, guidati da un terapeuta che invita i partecipanti a ridere e strillare l'uno contro l'altro. Fa bene, dicono. Libera da ansia e stress. Un'altra prova del fatto che il riso è strettamente legato all'aggressività.

La nostra è una società che ride sempre meno. In tutte le società aggressive si ride molto poco.

SANO UMORISMO LA RISATA HA UNA SUA PRECISA E BENEFICA FISIOLOGIA. I MUSCOLI SI RILASSANO. IL BATTITO CARDIACO RALLENTA. LE CORONARIE SI DILATANO E IL CUORE È MEGLIO IRRORATO. AUMENTA INOLTRE IL LIVELLO DELLE ENDORFINE, SOSTANZE DI CUI È NOTO IL GRANDE POTERE ANTIDOLORIFICO.

IL RISO È CORRUZIONE

"Ma cosa ti ha spaventato in questo discorso sul riso? Non elimini il riso eliminando questo libro."

"No, certo. Il riso è la debolezza, la corruzione, l'insipidità della nostra carne. È il sollazzo per il contadino, la licenza per l'avvinazzato, anche la chiesa nella sua saggezza ha concesso il momento della festa, del carnevale, della fiera, questa polluzione diurna che scarica gli umori e trattiene da altri desideri e da altre ambizioni... Ma così il riso rimane cosa vile, difesa per i semplici, mistero dissacrato per la plebe. Lo diceva anche l'apostolo, piuttosto di bruciare, sposatevi. Piuttosto di ribellarvi all'ordine voluto da Dio, ridete e dilettatevi delle vostre immonde parodie dell'ordine, alla fine del pasto, dopo che avete vuotato le brocche e i fiaschi. Eleggete il re degli stolti, perdetevi nella liturgia dell'asino e del maiale, giocate a rappresentare i vostri saturnali a testa in giù... Ma qui, qui..." ora Jorge batteva il dito sul tavolo, vicino al libro che Guglielmo teneva davanti, "qui si ribalta la funzione del riso, lo si eleva ad arte, gli si aprono le porte del mondo dei dotti, se ne fa oggetto di filosofia, e di perfida teologia... Tu hai visto ieri come i semplici possono concepire, e mettere in atto, le più torbide eresie, disconoscendo e le leggi di Dio e le leggi della natura.

U. Eco, Il nome della rosa, Fabbri Ed.

Dimmi come ridi e ti dirò chi sei

Alcuni ridono di più, altri di meno e, soprattutto, ognuno lo fa dietro stimoli diversi: l'umorismo, infatti, è strettamente collegato alla personalità individuale.

■ L'**"estroverso instabile"** è irrequieto, volubile, impulsivo, ottimista e tende all'azione. Con l'umorismo scarica soprattutto la propria aggressività: ride per barzellette di tipo etnico, oppure politiche, sempre rivolte a un gruppo esterno. Non impiega l'umorismo come mezzo di difesa e raramente fa dell'autoironia. Gli scherzi lo divertono, ma non ama esserne bersaglio. Apprezza ridere in compagnia ma talvolta è troppo impulsivo e ride anche quando non dovrebbe.

■ L'**"estroverso stabile"** è socievole, sicuro di sé, autonomo. Dà molta importanza alle risate, ma non apprezza l'umorismo aggressivo, denigratorio, grossolano. Gli piace fare e ricevere scherzi. Ama raccontare le barzellette per "scaldare" l'atmosfera. È dotato di un buon autocontrollo, e questo gli evita di ridere quando la situazione non è opportuna.

■ L'**"introverso instabile"** è poco incline all'allegria, cambia spesso umore, è pessimista, ansioso e tende a chiudersi in se stesso. Ride della satira aggressiva, apprezza lo humor nero, non ama le persone allegre e ridanciane, predilige l'umorismo scritto o disegnato.

■ L'**"introverso stabile"** è riflessivo e ama la tranquillità. Ama l'umorismo sofisticato, i nonsense e i giochi di parole. Può anche ridere di battute aggressive o a sfondo sessuale, ma solo se intelligenti. Ride, soprattutto, di situazioni assurde, irreali, grottesche.

Focus

Se vuoi gioire, impara l'ABC

Diventare ottimisti (presupposto per la felicità, come spiega l'articolo qui sotto) significa saper dialogare con se stessi quando si deve affrontare una sconfitta personale. Per farlo, sostiene il professor Martin Seligman dell'università della Pennsylvania, basta applicare la tecnica ABC. Eccola:

■ Davanti a un'Avversità (A), si reagisce pensando in un certo modo (Belief, cioè B). E questo provoca delle Conseguenze (C). Esempio: A: si litiga con il coniuge. B: si pensa "Non faccio mai niente di giusto". C: Ci si sente depressi. In questo caso la reazione all'avversità A è pessimistica: coinvolge tutto il proprio essere e tutta la propria vita. Questo modo di spiegare gli eventi, alla lunga, genera depressione.

■ La stessa situazione, in chiave ottimistica, diventa: A: Si litiga con il coniuge. B: si pensa "Era di pessimo umore". C: Ci si sente solo un po' arrabbiati e si pensa "Posso chiarire gli equivoci". Il pessimismo crea depressione, l'ottimismo dà energia. Quindi si può prendere nota degli ABC della propria giornata e, se negativi, correggerli.

"Chi è felice non si ammala"

Secondo il vecchio detto, condiviso oggi pienamente dalla medicina psicosomatica, la felicità è alla base di un buono stato di salute oppure, in caso di malattia, accelera la guarigione. Che cosa ne pensa la scienza ufficiale? «Stabilire con esattezza quale relazione ci sia tra umore e benessere o malattia è impossibile, perché ogni individuo ha reazioni diverse», dice George Maestroni, del Centro di patologia sperimentale di Locarno.

Comunicazioni. «Tuttavia è ormai provato che il sistema endocrino e il sistema immunitario sono strettamente connessi, perché usano, per funzionare, le stesse sostanze. Le cellule nervose del cervello, per esempio, possiedono sulla superficie strutture in grado di recepire il segnale delle citochine, cioè delle sostanze usate per comunicare tra una cellula e l'altra a livello immunitario», dice Maestroni.

Ghiandola di collegamento. La prova della relazione tra sistema nervoso e immunitario viene dalla melatonina, prodotta dalla ghiandola pineale. «Svolge una funzione regolatrice del sistema immunitario. Tanto che ora si sta valutando il suo contributo nella cura dei tumori».

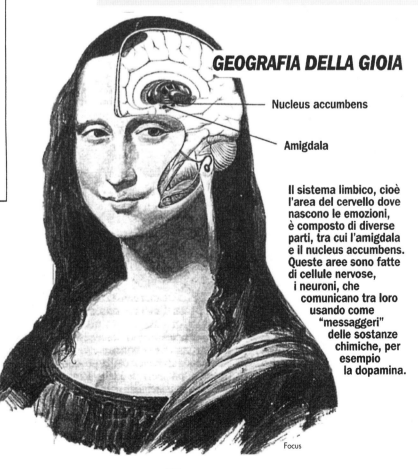

GEOGRAFIA DELLA GIOIA

Nucleus accumbens

Amigdala

Il sistema limbico, cioè l'area del cervello dove nascono le emozioni, è composto di diverse parti, tra cui l'amigdala e il nucleus accumbens. Queste aree sono fatte di cellule nervose, i neuroni, che comunicano tra loro usando come "messaggeri" delle sostanze chimiche, per esempio la dopamina.

Focus

17

Il riso abbonda sulla bocca degli stolti?

PRO

1. La vita non è così divertente, cosa c'è da ridere?
2. Una donna che ride troppo si chiama "oca giuliva" perché non è molto intelligente.
3. Il riso è debolezza, incapacità di autocontrollo.
4. È l'autodifesa delle persone che non capiscono cosa succede attorno a loro.
5. Non è un caso che i malati mentali ridano troppo spesso e non sempre a proposito.
6. A volte il riso può essere inopportuno ed offensivo.
7. È vergognoso quando delle persone ridono in mezzo ad un racconto tragico!
8. Ridendo si mettono in mostra i propri sentimenti in modo spropositato.
9. Il riso può trasmettere dei messaggi sbagliati all'interlocutore.
10. Il riso è corruzione, infatti viene esagerato dall'uso di alcol e droghe.
11. Ridere porta a distrarsi dai problemi importanti e tragici del mondo.

CONTRO

1. Il riso fa buon sangue.
2. Ha una funzione riequilibrante dell'umore.
3. Nelle società aggressive si ride sempre meno Le risate ci liberano dall'aggressività accumulata.
4. Mostrare i denti in una risata disinnesca l'aggressività potenziale che è propria dell'uso dei denti.
5. Le risate sono tipiche delle persone sicure, consapevoli della loro forza.
6. Le terapie del riso e del grido liberano dall'ansia e dallo stress.
7. Ridere è un toccasana per il fisico: rilassa i muscoli e fa circolare meglio il sangue.
8. Il riso alimenta il cervello di endorfine che hanno un alto potere antidolorifico.
9. Il sistema endocrino ed immunitario sono collegati: l'ormone della melatonina, che è più alto nelle persone felici, aiuta a combattere molte malattie.
10. Film comici ed altre forme di umorismo vengono usati nelle terapie di guarigione di malattie gravi.
11. Il pessimismo crea depressione.
12. L'ottimismo dà energia. Il buon umore ci permette di vivere meglio.

17

Bisogna dichiarare la propria sieropositività?

Se sei sieropositivo non fermare la tua vita. Se non lo sei, ferma la tua paura.

Fermare l'AIDS. Umanamente possibile.

Ministero della Sanità
Commissione nazionale per la lotta contro l'AIDS

Numero Verde
167-861061

Ma il contagio non è una colpa

colloquio con Fernando Aiuti

«Troppi pregiudizi ancora qui da noi perché un sieropositivo trovi il coraggio di uscire allo scoperto», dice Fernando Aiuti, immunologo di fama, patron dell'Anlaids, ente morale che si occupa di prevenzione e di assistenza, con sezioni in tutta Italia. «E più dei tossici o degli omosessuali, tradizionali categorie a rischio, ad avere le maggiori preoccupazioni sono ovviamente gli eterosessuali. Le donne soprattutto».

Il contagio vissuto come una colpa?

«Sì. Anche se questo è un sentimento comune, almeno in una prima fase, a tutti. Me le donne, se si sentono più colpevoli, sono in compenso meno rabbiose, il loro senso di rivalsa nei confronti del partner che le ha contagiate, è meno violento che negli uomini. In generale tendono addirittura a rimuovere il problema, anche quando apprendono che il partner sapeva di essere sieropositivo ma non l'aveva detto».

Ci sono altre rilevanti differenze di comportamento tra i sieropositivi?

«Per esempio tra le coppie fisse, con figli: nella maggior parte dei casi preferiscono continuare a vivere assieme. Anche qui le donne sono più numerose. Diciamo che in generale le donne sono più responsabili».

E gli uomini?

«Quando scoprono di aver contratto il virus, quasi sempre manifestano per contrasto un forte impulso aggressivo, vorrebbero vendicarsi sul partner responsabile, anche se spesso è difficile scoprirne l'identità, perché in moltissimi casi il contagio avviene in rapporti promiscui, o mercenari».

In che modo i sieropositivi vivono la loro sessualità?

«La reazione più diffusa è di paura, paura di contagiare il partner, anche facendo uso di profilattici, e quindi un blocco della sessualità. Altri continuano ad avere rapporti adottando qualche precauzione. E alcuni non ne vogliono prendere affatto, per incoscienza magari, o per disinformazione. Benché oggi dovrebbe essere noto a tutti che il 95 per cento dei casi di sieropositività evolve in Aids conclamato».

E' una scelta che si può fare anche per amore?

«Accade. Come sacrificio di sé, allo scopo di sublimare un legame dividendo insieme all'altro assolutamente tutto, anche il male. E sono casi più numerosi di quel che si creda. Le cifre parlano di 30 coppie su cento. Soprattutto giovani.

L'Espresso

Fernando Aiuti

AIDS: QUANTI AMMALATI E PERCHE'	MASCHI N.	%	FEMMINE N.	%	TOTALE N.	%
TOSSICODIPENDENZA	15.484	65,0	3.891	63,6	19.375	64,7
CONTATTO SESSUALE						
a) Omosessuale	4.289	18,0	--	--	4.289	14,3
b) Eterosessuale	1.840	7,8	1.670	27,3	3.510	11,8
EMOFILIA	246	1,0	--	--	246	0,8
TRASFUSIONE	197	0,8	135	2,2	332	1,1
TOSSICODIP./OMOSEX	676	2,8	0	0	656	2,2
Altro/non determinato	1.098	4,6	424	6,9	1.522	5,1
TOTALE ADULTI	23.810	100	6.120	100	29.930	100
(Fonte: Ministero della Sanità)						

Tra i casi di Aids trasmessi per via eterosessuale si nota l'alta percentuale di donne rispetto agli uomini.

L'Espresso

"Alla sbarra gli untori di Aids"

Nascosero la malattia ai partner, due denunce a Torino

TORINO — Hanno nascosto ai partner la loro sieropositività, ora rischiano l'incriminazione per tentate lesioni volontarie o, addirittura, per tentato omicidio. La magistratura torinese sta esaminando i casi di una giovane statunitense e di un ex indossatore torinese denunciati, nei mesi scorsi, dall'ex fidanzato e dalla moglie separata: i loro ex compagni li accusano di aver consapevolmente accettato il rischio di fare loro del male tacendo la propria malattia e continuando ad avere rapporti sessuali con loro. In entrambi i casi il contagio (almeno sinora) non c'è stato. Ma il sostituto procuratore Enrica Gabetta, cui sono stati affidati i due fascicoli, sta valutando se il silenzio dei due sieropositivi possa essere considerato, oltreché eticamente condannabile, anche giuridicamente doloso.

"Ma così rischiamo di spingere nell'ombra chi soffre"

L'Espresso

VIVERE DA SIEROPOSITIVO. PRObabilmente è più difficile che morire di Aids. E non fa nemmeno notizia.

Ogni tanto qualche testimonianza pubblica di personaggi famosi getta un po' di luce sulla linea d'ombra che separa i sieropositivi dai sani ma anche dai malati di Aids. Ma per il resto è silenzio. Isolato il grido di denuncia di Patrizia C., la signora romana che ha preso il virus per una trasfusione di sangue infetto. Per tutti gli altri, ex tossicodipendenti, omosessuali e più ancora eterosessuali tra cui sta dilagando il contagio, vale la regola del segreto. La paura di perdere gli amici, il lavoro e magari anche il rispetto della gente, è più forte del desiderio di divulgare la propria esperienza, di cercare sostegno, aiuto, conforto.

Nelle testimonianze che abbiamo raccolto - anonime naturalmente, perché è ancora questo, il fatto che la gente non sappia, l'elemento che rende possibile una vita normale - la reazione prevalente è d'incredulità, come per una grave ingiustizia subita. Ma subito dopo arrivano i sensi di colpa: si parla di «condanna a morte» e di «terribile punizione». E' come una parabola ascendente. Gli psicologi distinguono tre fasi. Al principio si sprofonda in una grande depressione. Poi ci si rassegna, si accetta la malattia, ma senza reagire. Infine -per alcuni ci vogliono mesi, per altri persino anni- si torna a vivere, a fare progetti, a sperare.

La Repubblica

Noi, Soli contro l'Aids
Tra i Peggiori Nemici i Pregiudizi della Gente

Lotta contro il propagarsi del virus Hiv, ma una delle sue priorità è l'abbattimento dei muri alzati dalla paura, dall'indifferenza e soprattutto dalla discriminazione sociale. Perché l'Aids è una malattia che colpisce due volte: nel fisico e nell'anima di chi la contrae. L'Anlaids (Associazione Nazionale per la Lotta contro l'Aids) una delle più attive associazioni del campo tutti i giorni aiuta chi vive questa realtà: nel nostro paese oggi i sieropositivi sono circa diecimila.

Un esempio concreto dell'operato dell'Anlaids è la creazione di alcune case-alloggio per accogliere quei malati che nessuno vuole, persone rifiutate dai familiari, o talmente povere da non potersi permettere nulla. «Qualche giorno fa», ricorda il professor Aiuti, «abbiamo avuto dei problemi con gli abitanti di un quartiere di Roma, dove è stata messa in piedi, grazie alla collaborazione delle suore di Madre Teresa di Calcutta, una casa che può ospitare fino a 15 donne mala-te. Gli inquilini della strada si lamentavano portando argomentazioni senza fondamento, quali la carenza igienica e la presenza in zona di persone sospette, tossicodipendenti».

«Ma la paura del diverso è forse la cosa più disarmante», conferma Mauro, un volontario della sede di Roma che tutti i giorni affronta per telefono fobie, paure e incetezze di chi è arrivato al contatto, reale o immaginario, con la malattia. «Ci sono tante persone che ci chiamano per sapere se lavorare nella stessa stanza con un collega sieropositivo può rappresentare un pericolo. Si vergognano magari a chiederlo, ma il terrore è più forte, vince su tutto. L'unica cosa che possiamo fare è spiegare cosa è l'Aids e come si contrae il virus Hiv».

La Repubblica - Salute

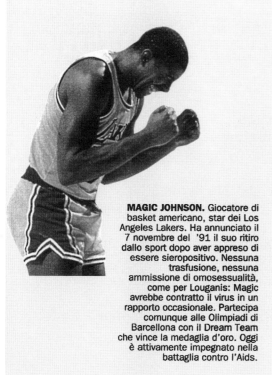

MAGIC JOHNSON. Giocatore di basket americano, star dei Los Angeles Lakers. Ha annunciato il 7 novembre del '91 il suo ritiro dallo sport dopo aver appreso di essere sieropositivo. Nessuna trasfusione, nessuna ammissione di omosessualità, come per Louganis: Magic avrebbe contratto il virus in un rapporto occasionale. Partecipa comunque alle Olimpiadi di Barcellona con il Dream Team che vince la medaglia d'oro. Oggi è attivamente impegnato nella battaglia contro l'Aids.

L'Espresso

Bisogna dichiarare
la propria sieropositività?

PRO

1. Dichiarando la propria sieropositività, si può contenere il contagio.
2. Il malato può contare sull'aiuto e sui consigli di amici e parenti.
3. I veri amici si vedono anche in situazioni disperate.
4. Tutti hanno il diritto di sapere se il proprio medico (o baby-sitter, o colf) sono sieropositivi.
5. Si evitano rischi mortali in certi ambiti di lavoro (dove possono verificarsi episodi contagio).
6. Facendo il test le donne incinte possono ridurre il rischio di trasmettere il virus al nascituro.
7. Trasmettere il virus ad un partner è moralmente e giuridicamente condannabile.
8. Il virus HIV è un'arma mortale: i portatori dovrebbero essere schedati.
9. Parlare dei propri problemi in gruppi di autocoscienza/amici può ridurre la disperazione e la solitudine.

CONTRO

1. Si perdono gli amici.
2. Si può perdere il lavoro.
3. Si perde il rispetto della comunità. Si è demonizzati.
4. Combattere il pregiudizio è più difficile che combattere la malattia
5. Si è guardati come "untori".
6. Non si potrebbe condurre una vita normale.
7. La depressione dovuta all'isolamento può far peggiorare la malattia.
8. Il senso di colpa, di essere puniti e condannati "a morte" può far peggiorare la sofferenza fisica.
9. Se un professionista dichiarasse di avere il virus HIV perderebbe tutti i suoi clienti, pazienti ecc.
10. Parlarne troppo non aiuta a dimenticare la malattia, meglio non pensarci ed ignorarla.
11. Le gestanti sieropositive potrebbero essere "forzate" psicologicamente ad interrompere la gravidanza.

18

Esistono fenomeni paranormali?

Gli scienziati? Scettici, al 96 per cento

Quando lo spiritismo diventò una moda, nell'Ottocento, molti scienziati si dedicarono a esaminarlo. Le conclusioni di questi studi furono sempre le stesse: i medium baravano. Nel 1923 la rivista "Scientific American" mise in palio 5 mila dollari per chi fosse riuscito a dimostrare di avere poteri reali. Nessuno vinse.

Questionario. Pochi anni fa, il 96 per cento degli scienziati contattati con un questionario dall'Accademia nazionale delle scienze degli Usa, si è dichiarato scettico su tutti i fenomeni della parapsicologia. Anche perché non esiste, dicono, una sede nel nostro cervello che ci consenta attività diverse da quelle circoscritte dalla neurologia. Ammettere che ci possa essere un contatto con i defunti, significa ammettere la possibilità di un'elaborazione del pensiero che avviene al di fuori delle strutture neurologiche. Tutto questo, per la scienza, è un non senso.

Malattie. Psicologi e psichiatri, inoltre, hanno messo in luce la relazione tra parapsicologia e malattie come la "sindrome da personalità multipla", per cui una persona parla e agisce con personalità diverse. Chi soffre di questa malattia, dicono gli studiosi, si può convincere di parlare con l'anima di un defunto o di un extraterrestre.

Focus

Un'esperienza comune: il bicchierino. Quanti di noi hanno provato prima o poi il famoso "gioco del bicchierino"? Senz'altro molti. Ci si trova tra amici e si decide di fare una seduta spiritica; si poggiano quindi le dita su un bicchierino capovolto (o una moneta) che scorre su un tabellone su cui sono state scritte le lettere dell'alfabeto. Dopo un po' il bicchierino comincia a muoversi e a formare delle parole di senso compiuto in risposta alle domande che gli si pongono. Come può esserci un trucco se le persone che partecipano sono tutte nostre conoscenti e non avrebbero alcun interesse recondito?

Ciò che succede è stato spiegato quasi 150 anni fa dal fisico Michael Faraday. In situazioni di questo tipo, ha dimostrato il brillante scienziato, entrano in gioco le cosiddette reazioni muscolari involontarie, delle quali, cioè, non si ha alcuna consapevolezza, e che avvengono *nonostante* la buona fede del soggetto. In altre parole, i partecipanti alla seduta, senza rendersene conto, spingono il bicchierino sul tabellone. Inutile dire che, una volta che si staccano le dita dal bicchierino, il movimento si interrompe.

Le frasi che si formano, poi, sono già presenti in forma inconscia nella mente dei partecipanti, che le costruiscono senza rendersene conto. Ciò non è difficile da dimostrare: al posto delle lettere occorre scrivere sul cartellone dei numeri progressivi quindi, dopo aver preparato dei cartoncini con le lettere, li si volta a faccia in giú, li si mischia e li si dispone in corrispondenza di ogni numero. A questo punto si procede come al solito, i partecipanti poggiano le dita sul bicchierino e si "lasciano andare"; qualcun altro, intanto, prenderà nota dei numeri che usciranno. Al termine sarà sufficiente decodificare i numeri con le lettere corrispondenti per interpretare il messaggio. Se applicato, questo semplice controllo dimostrerà che non si forma piú nemmeno una parola che abbia un senso.

M. Polidoro, "Il medium sottospirito", CICAP

Focus

Un miliardo per chi ha facoltà extrasensoriali

AAA Cercasi mago vero

Siete capaci di spostare gli oggetti con il pensiero? Sapete leggere il futuro nei fondi del tè? Avete una statuetta che piange lacrime di sangue? Se la risposta è sì, potete guadagnare un miliardo di lire senza muovere un dito.

Antimago. L'idea è del prestigiatore americano James Randi, più noto come "l'investigatore del paranormale", che già dieci anni fa offrì 10 mila dollari a chiunque fosse in grado di esibire facoltà extrasensoriali, o di mostrare fenomeni sovrannaturali, in condizioni controllate. Nessuno è mai passato a incassare. Oggi Randi ha pensato di rendere ancora più attraente la sfida, e ha aperto una sottoscrizione. I 10 mila dollari sono saliti a 540 mila: quasi un miliardo di lire.

Miracoli medioevali.
Il sangue di San Gennaro

Un'ampollina sigillata che contiene una sostanza ignota, secondo la tradizione il sangue coagulato di San Gennaro, viene esibita piú volte all'anno alla folla che riempie la cattedrale di Napoli. Mentre il recipiente è maneggiato in una solenne cerimonia, la massa solida improvvisamente diviene liquida, davanti agli occhi di tutti.

Questo fenomeno è reale, ben documentato ed è ancor oggi considerato inspiegato tanto dai credenti quanto dagli scettici. Il famoso parapsicologo Hans Bender l'ha definito il fenomeno paranormale con la migliore e piú lunga documentazione storica che si conosca; Enrico Fermi sembra aver anch'egli dimostrato interesse al riguardo.

Oggi il rito viene da un lato incoraggiato (è celebrato personalmente dall'arcivescovo nella cattedrale di Napoli), mentre dall'altro non è mai stato ufficialmente dichiarato un miracolo dalla Chiesa cattolica, che riconosce a chi indaga scientificamente la libertà di esprimere le proprie opinioni.

M. Inardi, "L'ignoto in noi", Sugarco

La vedova del cantante confida "MIO MARITO CLAUDIO VILLA MI PARLA DALL'ALDILÀ"

Gente

Un ectoplasma che esce dall'orecchio di un medium, fotografato durante una seduta.

L. Gartaschelli, "Miracolo offresi", CICAP

Dal tavolino all'ectoplasma: sei trucchi svelati

Molti sono i fenomeni strabilianti nelle sedute in cui si evocano fantasmi. Ma tutti nascondono un trucco. Eccone alcuni.

Colpi. I più ingegnosi erano quelli prodotti dalle sorelle Fox, che facevano abilmente schioccare le dita dei piedi. Ma bastano anche dei semplici colpi contro la gamba del tavolo.

Ectoplasma. Il morto evocato si materializza in una sostanza che esce dal corpo (in particolare dalla bocca) della medium. La prima a produrre ectoplasmi fu Eusapia Palladino, attiva a Napoli alla fine dell'Ottocento. L'ectoplasma in realtà non è altro che una sostanza precedentemente ingerita e rigurgitata (tela, garza, gomma).

Levitazione del medium Un trucco banale ma efficace veniva usato dal me-

dium Daniel Home: si levava gli stivali e sfiorava le teste dei presenti per far loro credere che stesse volando. Naturalmente le sue sedute avvenivano al buio.

Levitazione del tavolo. Anche in questo caso i trucchi sono moltissimi. Uno consiste nel piantare un chiodino sul piano del tavolo lasciandolo sporgere di qualche millimetro. Il medium durante la seduta lo aggancia con uno speciale anello e solleva il tavolo (che in genere è molto leggero).

Psicofonia. E' la registrazione di presunte voci ultraterrene su nastri magnetici. Le voci potrebbero essere semplici interferenze radiofoniche. I messaggi, guarda caso, non sono mai chiari, soltanto il medium

riesce a interpretarli.

Xenoglossia. La capacità di parlare in lingue straniere che non si sono mai studiate. Per lo più il trucco è quello di inventare parole, che poi si ascrivono a lingue sconosciute come il sanscrito o l'aramaico.

In alto, un tavolino che levita per opera delle sorelle Fox. Era appeso a un filo.

Focus

Esistono fenomeni paranormali?

PRO

1. Veggenti, medium e fenomeni inspiegabili scientificamente esistono oggi e sono esistiti in passato presso tutti i popoli.
2. Chi ha detto che tutto si possa spiegare scientificamente?
3. Alcuni fenomeni paranormali sono stati avvalorati da moltissime testimonianze dirette.
4. Nonostante tutti i tentativi di spiegazione scientifica o di scoperta del trucco, molti fenomeni paranormali sono tuttora avvolti dal mistero.
5. Sono troppe le testimonianze relative a certi fenomeni "paranormali" perché abbia potuto trattarsi di trucchi.
6. Anche la Chiesa, che di solito è molto cauta, ha accettato certi eventi come "soprannaturali", dopo averli sottoposti a infinite prove di veridicità (statue della Madonna che piangono sangue, sangue di San Gennaro che si scioglie).
7. Troppe persone si rivolgono ai medium e ai parapsicologi: qualcosa di vero deve esserci!
8. Anche se fra gli scienziati prevalgono gli scettici, una percentuale di loro crede nel paranormale.

CONTRO

1. Nessuno ha potuto mai dimostrare scientificamente la veridicità di tali fenomeni davanti a osservatori qualificati.
2. Molti fenomeni che in passato erano considerati paranormali poi sono stati spiegati scientificamente grazie all'evoluzione delle conoscenze.
3. Molti fenomeni considerati paranormali sono stati scoperti come trucchi.
4. Tutti i fenomeni paranormali possono avere una spiegazione logica: dal trucco vero e proprio agli effetti psicosomatici, alla capacità dei medium di intuire il passato dei clienti dal loro aspetto.
5. La gente va dai medium e dai parapsicologi perché ha solo bisogno di conforto, non per scoprire i loro trucchi: desidera trovare proprio certe risposte e dimentica il resto.
6. Il bisogno di mettersi in contatto con il mondo dell'aldilà è sempre esistito: ogni epoca ha avuto i suoi metodi per illudersi che sia possibile.
7. I "miracoli" delle Madonne che piangono sono espedienti che fanno presa sulle paure della gente.
8. Esistono in tutto il mondo associazioni di scettici impegnate a smascherare gli imbroglioni (in Italia il CICAP di Padova: Comitato Italiano per il Controllo delle Affermazioni sul Paranormale).

19

Ci deve essere libertà nel campo della fecondazione artificiale?

PROVETTA SELVAGGIA/IL FAR WEST DELLA FECONDAZIONE ARTIFICIALE

Gemelli per forza

C'è anche chi desidera una gravidanza plurima. E' capitato nel 1993 che una donna di Rieti abbia chiesto allo specialista Severino Antinori di procurarle una fecondazione artificiale e ultragemellare: ne voleva almeno 4 «per togliersi il pensiero». Obiettivo quasi centrato: sono nati 2 maschi e una femmina.

Scambio di provette

Se ne è avuta notizia nel novembre dell'anno scorso. In Gran Bretagna a circa cento donne sarebbe stato impiantato un embrione frutto dell'inseminazione con un ovulo non loro. Metteranno al mondo un figlio di cui non sono le madri biologiche. In molti casi lo scandalo è stato coperto da una ricompensa in danaro alle madri da parte degli ospedali; in altri, le donne sarebbero state tenute all'oscuro.

Sperma di morto

Anthony Baez a New York viene ucciso nel gennaio di quest'anno in una rissa; la moglie Mirabel si rivolge all'urologo Peter Schlegel perché estragga dal cadavere lo sperma ancora vitale. Detto fatto: ora lo sperma, congelato, è conservato in attesa che la giovane vedova proceda ai tentativi di fecondazione artificiale.

Seme da Nobel

Negli Stati Uniti alcune banche che conservano lo sperma offrono il liquido seminale di donatori ultraselezionati, tutti dotati di titoli di studio conseguiti nelle università della cosiddetta Ivy League, le più prestigiose d'America. Non c'è alcuna base scientifica che il seme dei laureati di Yale o di Berkeley possa essere all'origine di figli geni, ma «l'idea piace».

Fecondate con l'Aids

Si ha notizia di due casi negli Stati Uniti e uno in Italia. In tutte e tre le occasioni sono state vittima donne sottoposte a tentativi falliti di fecondazione artificiale con sperma di donatore infetto dal virus dell'Aids. La ragione: il proliferare di centri per la donazione di sperma che non forniscono garanzie di sicurezza; si è creato un vero e proprio mercato nero dello sperma che proviene talvolta da Paesi del Terzo mondo.

Aborto selettivo

Per ottenere maggiori possibilità di successo, nei tentativi di fecondazione artificiale si procede all'impianto di più embrioni. Talvolta capita che più di uno attecchisca. In questi casi è norma fare un aborto selettivo, eliminando gli embrioni in sovrannumero. Ciò ha destato le proteste del Movimento per la vita che ha denunciato la "riduzione embrionale": sono stati al proposito raccolte documentazioni su 36 casi avvenuti all'Università di Bologna.

Sesso a scelta

Sono diverse le tecniche per selezionare gli spermatozoi X e Y che permetterebbero di effettuare fecondazioni artificiali certamente destinate a generare una femmina (nel primo caso) o un maschio (nel secondo).

Tira fuori il bambino dal freezer

Come cambia la maternità?

Richard Paulson, medico e ricercatore alla University of Southern California, assieme al collega Mark Sauer è stato tra i primi al mondo, alla fine degli anni Ottanta, a dimostrare che l'utero è in grado di portare a termine una normale gravidanza ben oltre la menopausa. "L'Espresso" gli ha chiesto che cosa ci riserva il futuro.

Dottor Paulson, lei è un convinto assertore della libertà di scelta per la vita riproduttiva. Ci spiega perché?

«La responsabilità della decisione deve ricadere esclusivamente sulla donna e sul suo medico. Non esito a paragonare il diritto di diventare madre a cinquant'anni con quello all'interruzione della gravidanza. Queste terapie rischiano di rivoluzionare la società? E' possibile. E miglioreranno la nostra qualità della vita, come è accaduto con gli anticoncezionali».

NO

«Il bene del nascituro dev'essere considerato il criterio di riferimento essenziale per la valutazione delle diverse opzioni procreative». È su questo presupposto che l'Ordine dei medici italiani si è basato per delineare un codice di autoregolamentazione che proclama quattro importanti "no".

No a tutte le forme di maternità surrogata. Nessuna donna, cioè, potrà portare a termine una gravidanza al posto di un'altra, come accade ad esempio nel caso dell'"utero in affitto".

No alla fecondazione artificiale al di fuori delle coppie eterosessuali. Non è permessa la fecondazione in vitro per omosessuali e single.

No alle mamme-nonne. Nessuna donna in menopausa non precoce può essere sottoposta a pratiche di fecondazione assistita.

No alle forme di fecondazione artificiale dopo la morte del partner. Non sarà possibile utilizzare le cellule riproduttive congelate di una persona morta nel frattempo.

In alto a destra, un primo piano di Dolly. A fianco, Ian Wilmut padre della scoperta del Roslin Institute.

La scoperta rivoluziona l'origine della vita: la pecora ha tre madri e nemmeno un padre

Per partorirla, i biologi del Roslin hanno prelevato da una giovane pecora un uovo *non* fecondato e gli hanno tolto il nucleo (con i geni, cioè il DNA nucleare), lasciando il contorno (il citoplasma, con il DNA mitocondriale, esclusivamente materno). Dalle poppe di un'altra pecora di 6 anni hanno prelevato una cellula e ne hanno tolto il nucleo che hanno inserito nella cellula precedente. L'hanno messa in coltura per qualche settimana e si è replicata formando la blastula, poi l'embrione. Questo è stato impiantato nell'utero della pecora dal muso nero, tipica di quelle parti della Scozia. Cinque mesi dopo, il lieto evento. L'agnella viene battezzata Dolly, in omaggio alla popputa cantante americana Dolly Parton.

Ci sono quattro buoni motivi per strabuzzare gli occhi: l'agnella ha tre madri - la donatrice d'ovulo, la donatrice della cellula mammaria, la portatrice - e neanche un padre. Non è passata attraverso lo stadio dell'uovo fecondato. I suoi geni provengono da una cellula vecchia ormai specializzata e, stando a tutte le previsioni, convinzioni, teorie e modelli, avrebbe dovuto continuare a produrre tessuto mammario per il resto dei loro giorni. Inve-

ce si sono inclinati davanti all'ambiente in cui sono stati méssi, il citoplasma dell'ovulo che li ha costretti a ricreare un organismo da capo.

Così crollano definitivamente i due capisaldi della genetica contemporanea. In soldoni, contrariamente a quanto si credeva: 1) i geni non comandano un bel niente ma si adeguano al contesto; e, 2) possono tornare indietro nel tempo biologico. Quell'agnella innocente è la prova che i genetisti, fino al suo arrivo, sapevano poco della propria materia.

Intanto al bar sotto casa, come nel resto del mondo, si discute di bioetica e, più precisamente, della legittimità o meno di provare a creare dei cloni

umani. Sono convinta che la bioetica nasca dalla riflessione di tutti: perciò mi butto e riassumo in prima persona l'argomentario - modesto, lo so - che uso per sostenere che è meglio non provarci. Il metodo tradizionale per fare altri esseri umani mi sembra molto più divertente: non so di nessuno che meriti l'onore o la noia di venir riprodotto in serie; i gemelli omozigoti di mia conoscenza, sebbene identici fisicamente, si comportano nella vita in maniera molto diversa, quindi un clone di Einstein rischia di deludere le aspettative.

Infine, particolare non trascurabile, oggi la clonazione non riesce quasi mai: Dolly è stata preceduta da 277 fallimenti.

Ci deve essere libertà nel campo della fecondazione artificiale?

PRO

1. La fecondazione artificiale richiede enormi sacrifici. Chi vi si sottopone lo fa per amore e non per egoismo.
2. Il governo non deve regolamentare questa materia ponendo dei limiti. La decisione deve ricadere solo sulla donna e sul suo medico.
3. L'embrione appartiene solo alla donna che può farne ciò che vuole.
4. Ognuno ha diritto di diventare padre/madre. La felicità di un individuo non può essere condizionata dalle leggi dello Stato.
5. La società sa solo condannare le libertà delle donne: un padre di 70 anni viene lodato, una madre anziana viene disprezzata.
6. La nascita di un figlio può far ringiovanire psicologicamente una donna di una certa età.
7. Dare nascita ad un embrione, di cui un genitore è deceduto, può mantenerne il ricordo vivo e far "continuare la vita".
8. Una persona che da giovane ha dovuto rinunciare alla riproduzione per motivi economici, deve poter avere la gioia di un figlio anche in età avanzata.
9. Nelle famiglie cosiddette "regolari" molti bambini sono maltrattati, non sono protetti e molto spesso i genitori si separano.
10. I biotecnologi non vogliono sostituirsi alla Natura/Creatore ma vogliono solo aiutare la gente ad ottenere la felicità.
11. La presenza di un padre non è molto importante per i figli della provetta. Nel passato i padri andavano in guerra o erano assenti. L'importante non è la presenza di un padre, è importante come la madre può evocarne la figura.

CONTRO

1. Lo Stato deve controllare e porre limiti alle aberrazioni della fecondazione artificiale.
2. La provetta deve essere usata solo per combattere la sterilità all'interno di una coppia regolarmente sposata.
3. Voler dei figli quando non si ha più l'età naturale per la procreazione o al di fuori di coppie eterosessuali, è una scelta egoistica che non rispetta il nascituro.
4. Non è morale usare la fecondazione artificiale per mamme-nonne che non potranno allattare, per coppie gay, o per casi in cui un genitore è defunto.
5. Si creano bambini che spesso non conosceranno il loro genitore biologico o che sono orfani alla nascita con gravi problemi psicologici nel futuro.
6. La manipolazione nella procreazione vuol dire sostituirsi alla Natura/Creatore in questo processo. Gli esperimenti sulla clonazione sono immorali!
7. Si mettono al mondo dei bambini i cui genitori sono troppo anziani per seguirli, non possono essere dei "veri genitori" e spesso non vivranno a lungo.
8. È contronatura selezionare i geni del nascituro in base alla scelta del sesso.
9. Con la scelta di donatori ultraselezionati in base alla loro intelligenza si potrebbe creare la base per un approccio "razzista".
10. Mettere una terza persona, quale donatore o madre surrogata, all'interno della famiglia ne mina le fondamenta.
11. Non conoscere l'identità di un genitore può causare gravi problemi quando è necessaria una ricerca genetica per la salute del bambino.
12. In una coppia omosessuale o in una famiglia senza padre/madre, il bambino non impara a misurarsi con la diversità e con i ruoli differenti nel nucleo familiare e sociale.

Indice per argomento

Uomini:

Vita di coppia:

Elenco delle pubblicazioni utilizzate

1. È POSSIBILE L'AMICIZIA TRA UN RAGAZ-
   ZO E UNA RAGAZZA?
Top Girl, maggio 1998, Gruner und Jahr /
Mondadori

2. DOBBIAMO MANGIARE SOLO CIBI BIOLO-
   GICI?
L'Espresso, 7.7.1995
Gioia, 30.9.1995
IO – Corriere della Sera, 14.12.1996
La nuova ecologia, luglio 1993

3. LE CELEBRITÀ HANNO DIRITTO ALLA PRI-
   VACY?
Grazia, 2.9.1995
La Repubblica, 3.5.1997
Il Corriere della Sera, 1.9.1997
Il Corriere della Sera, 3.5.1997
IO – Corriere della Sera, 6.9.1997

4. BISOGNA ABOLIRE LA CACCIA?
WWF Toscana, 2, 1989
La Repubblica, 27.11.1995
Diana, gennaio 1997

5. L'ASTROLOGIA E' UNA SCIENZA?
M. Hack, "Al di là", CICAP, 1994
G. B. Guzzetti, Inchiesta sull'occulto e il paranor-
male, Piemme, 1993
C. Gatto Trocchi, La magia, Newton Compton, 1994
Focus, gennaio 1997

6. È IMMORALE DIRE BUGIE?
Focus, maggio 1997
IO – Corriere della Sera, 19.4.1997
D – La Repubblica, 7.1.1997
Donna Moderna, 28.5.1997

7. LA TV E I VIDEOGIOCHI SONO NOCIVI?
Sorrisi e canzoni TV, 14.7.1996
Famiglia Cristiana, 27.12.1995
D – La Repubblica, 22.10.1996
IO – Corriere della Sera, 19.4.1997
La nuova ecologia, dicembre, 1993
Focus, ottobre 1994

8. LA GELOSIA FA BENE ALL'AMORE?
IO – Corriere della Sera, 10.8.1996
Focus, giugno 1996
IO – Corriere della Sera, 30.11.1996
Donna Moderna, 28.5.1997

F. Alberoni, Innamoramento e amore, Garzanti,
1979

9. È GIUSTO SOTTOPORSI ALLA CHIRURGIA
   PLASTICA?
IO – Corriere della Sera, 27.7.96
L'Espresso, 8.10.195
La Repubblica, supplemento Salute, 23.1.97
La Repubblica, supplemento Salute, 4.10.1997

10. SIAMO SOLI NELL'UNIVERSO?
Focus, ottobre, 1996
Anna, 7.7.97
UFO Magazine, gennaio 1997
Gioia, 30.9.1995
D – La Repubblica, 6.8.96
E.A. Friedrichs, Parapsicologia senza misteri, Ed.
Messaggero, 1996

11. LE DROGHE LEGGERE VANNO LEGALIZ-
    ZATE?
Grazia, 29.9.95
IO – Corriere della Sera, 19.10.1996
Il Venerdì (la Repubblica), 23.2.96
Il Venerdì (la Repubblica), 20.12.1996
La Repubblica, 1.4.1997

12. LE DONNE SONO PIÙ INTELLIGENTI
    DEGLI UOMINI?
Focus, supplemento, febbraio 1996
IO – Corriere della Sera, 8.3.1997
L.J.De Mendoza, Cervello destro e cervello sinistro,
Il Saggiatore, 1996
D – La Repubblica, 22.10.1996

13. BISOGNA EDUCARE I GIOVANI CON IL
    MASSIMO DEL PERMISSIVISMO?
IO – Corriere della Sera, 9.11.1996
L'Espresso, 17.3.1995
IO – Corriere della Sera, 31.10.1998
IO – Corriere della Sera, 13.7.1996

14. ANCHE LE COPPIE OMOSESSUALI
    HANNO DIRITTO DI SPOSARSI E AVERE
    FIGLI?
IO – Corriere della Sera, 19.9.1998
Marie Claire, agosto, 1995
IO – Corriere delle Sera, 12.7.1997
Il Giornale, 12.1.1997
L'Espresso, 18.7.1995
Famiglia Cristiana, 26.4.1995

15. È GIUSTIFICABILE IL CRESCENTE ATTEG-GIAMENTO RAZZISTA?
L'Espresso, 17.3.1995
P. Tabet, *La pelle giusta,* Einaudi, 1997
Focus, aprile, 1996
Elle, ottobre, 1995

16. L'ISTITUTO DEL MATRIMONIO È DESTI-NATO A SCOMPARIRE?
IO – Corriere della Sera, 21.9.1996
La Repubblica, 30.9.1995
Focus, novembre, 1996
Donna Moderna, 28.5.1997

17. IL RISO ABBONDA SULLA BOCCA DEGLI STOLTI?
IO – Corriere della Sera, 28.10.1996
U. Eco, *Il nome della rosa,* Fabbri, 1980
Focus, novembre, 1996
Focus, dicembre, 1996

18. BISOGNA DICHIARARE LA PROPRIA SIE-ROPO-SITIVITÀ?
L'Espresso, 14.4.1995
Istituto Superiore della Sanità, rapporto 1998
La Repubblica, 30.9.1995
La Repubblica, supplemento Salute, 2.12.1995

19. ESISTONO FENOMENI PARANORMALI?
M. Polidoro, "Il medium sottospirito", CICAP, 1996
L.Garlaschelli, *Miracolo offresi,* CICAP, 1996
Focus, dicembre, 1996
Focus, maggio, 1996
M. Inardi, *L'ignoto in noi,* Sugarco, 1977
Gente, 7.1.1997

20. CI DEVE ESSERE LIBERTÀ NEL CAMPO DELLA FECONDAZIONE ARTIFICIALE?
L'Espresso, 3.2.1995
Famiglia Cristiana, 19.4.1995
D – La Repubblica, 11.3.1997
Moda, dicembre 1994

L'italiano per stranieri

Amato
Mondo italiano
testi autentici sulla realtà sociale e culturale italiana
• libro dello studente
• quaderno degli esercizi

Ambroso e Stefancich
Parole
10 percorsi nel lessico italiano - esercizi guidati

Avitabile
Italian for the English-speaking

Balboni
GrammaGiochi
per giocare con la grammatica

Barki e Diadori
Pro e contro
conversare e argomentare in italiano
• **1** liv. intermedio - libro dello studente
• **2** liv. intermedio-avanzato - libro dello studente
• guida per l'insegnante

Battaglia
Grammatica italiana per stranieri

Battaglia
Gramática italiana para estudiantes de habla española

Battaglia
Leggiamo e conversiamo
letture italiane con esercizi per la conversazione

Battaglia e Varsi
Parole e immagini
corso elementare di lingua italiana per principianti

Bettoni e Vicentini
Passeggiate italiane
lezioni di italiano - livello avanzato

Bettoni e Vicentini
Imparare dal vivo **
lezioni di italiano - livello avanzato
• manuale per l'allievo
• chiavi per gli esercizi

Buttaroni
Letteratura al naturale
autori italiani contemporanei con attività di analisi linguistica

Camalich e Temperini
Un mare di parole
letture ed esercizi di lessico italiano

Carresi, Chiarenza e Frollano
L'italiano all'Opera
attività linguistiche attraverso 15 arie famose

Cini
Strategie di scrittura
quaderno di scrittura - livello intermedio

Deon, Francini e Talamo
Amor di Roma
Roma nella letteratura italiana del Novecento
testi con attività di comprensione
livello intermedio-avanzato

Diadori
Senza parole
100 gesti degli italiani

du Bessé
PerCORSO GUIDAto guida di **Roma**
con attività ed esercizi di italiano per stranieri

du Bessé
PerCORSO GUIDAto guida di **Firenze**
con attività ed esercizi di italiano per stranieri

du Bessé
PerCORSO GUIDAto guida di **Venezia**
con attività ed esercizi di italiano per stranieri

Gruppo META
Uno
corso comunicativo di italiano - primo livello
• libro dello studente
• libro degli esercizi e grammatica
• guida per l'insegnante
• 3 audiocassette

Gruppo META
Due
corso comunicativo di italiano - secondo livello
• libro dello studente
• libro degli esercizi e grammatica
• guida per l'insegnante
• 4 audiocassette

Gruppo NAVILE
Dire, fare, capire
l'italiano come seconda lingua
• libro dello studente
• guida per l'insegnante
• 1 audiocassetta

Humphris, Luzi Catizone, Urbani
Comunicare meglio
corso di italiano - livello intermedio-avanzato
• manuale per l'allievo
• manuale per l'insegnante
• 4 audiocassette

Istruzioni per l'uso dell'italiano in classe 1
88 suggerimenti didattici per attività comunicative

Istruzioni per l'uso dell'italiano in classe 2
111 suggerimenti didattici per attività comunicative

Jones e Marmini
Comunicando s'impara
esperienze comunicative
• libro dello studente
• libro dell'insegnante

Maffei e Spagnesi
Ascoltami!
22 situazioni comunicative
• manuale di lavoro
• 2 audiocassette

Marmini e Vicentini
Passeggiate italiane
lezioni di italiano - livello intermedio

Marmini e Vicentini
Imparare dal vivo *
lezioni di italiano - livello intermedio
• manuale per l'allievo
• chiavi per gli esercizi

Marmini e Vicentini
Ascoltare dal vivo
manuale di ascolto - livello intermedio
• quaderno dello studente
• libro dell'insegnante
• 3 audiocassette

Paganini
issimo
quaderno di scrittura - livello avanzato

Pontesilli
I verbi italiani
modelli di coniugazione

Quaderno IT - n. 3
esame per la certificazione dell'italiano come L2 - livello avanzato
prove del 1998 e del 1999
• volume + audiocassetta

Radicchi
Corso di lingua italiana
livello elementare
• manuale di lavoro
• 1 audiocassetta

Radicchi
Corso di lingua italiana
livello intermedio

Radicchi
In Italia
modi di dire ed espressioni idiomatiche

Stefancich
Cose d'Italia
tra lingua e cultura

Stefancich
Tracce di animali
nella lingua italiana tra lingua e cultura

Svolacchia e Kaunzner
Suoni, accento e intonazione
corso di ascolto e pronuncia
• manuale
• set 5 CD audio

Totaro e Zanardi
Quintetto italiano
approccio tematico multimediale - livello avanzato
• libro dello studente con esercizi
• libro per l'insegnante
• 2 audiocassette
• 1 videocassetta

Ulisse
Faccia a faccia
attività comunicative
livello elementare-intermedio

Urbani
Senta, scusi...
programma di comprensione auditiva
con spunti di produzione libera orale
• manuale di lavoro
• 1 audiocassetta

Urbani
Le forme del verbo italiano

Verri Menzel
La bottega dell'italiano
antologia di scrittori italiani del Novecento

Vicentini e Zanardi
Tanto per parlare
materiale per la conversazione - livello medio-avanzato
• libro dello studente
• libro dell'insegnante

Linguaggi settoriali

Ballarin e Begotti
Destinazione Italia
l'italiano per operatori turistici
• manuale di lavoro
• 1 audiocassetta

Cherubini
L'italiano per gli affari
corso comunicativo di lingua e cultura aziendale
• manuale di lavoro
• 1 audiocassetta

Spagnesi
Dizionario dell'economia e della finanza

in collaborazione con l'Università per Stranieri di Siena:
Dica 33
il linguaggio della medicina
• libro dello studente
• guida per l'insegnante
• 1 audiocassetta

L'arte del costruire
• libro dello studente
• guida per l'insegnante

Una lingua in pretura
il linguaggio del diritto
• libro dello studente
• guida per l'insegnante
• 1 audiocassetta

Bonacci editore

Classici italiani per stranieri

testi con parafrasi a fronte* e note

1. Leopardi • *Poesie**
2. Boccaccio • *Cinque novelle**
3. Machiavelli • *Il principe**
4. Foscolo • *Sepolcri e sonetti**
5. Pirandello • *Così è (se vi pare)*
6. D'Annunzio • *Poesie**
7. D'Annunzio • *Novelle*
8. Verga • *Novelle*
9. Pascoli • *Poesie**
10. Manzoni • *Inni, odi e cori**
11. Petrarca • *Poesie**
12. Dante • *Inferno**
13. Dante • *Purgatorio**
14. Dante • *Paradiso**
15. Goldoni • *La locandiera*
16. Svevo • *Una burla riuscita*

Libretti d'Opera per stranieri

testi con parafrasi a fronte* e note

1. *La Traviata**
2. *Cavalleria rusticana**
3. *Rigoletto**
4. *La Bohème**
5. *Il barbiere di Siviglia**
6. *Tosca**
7. *Le nozze di Figaro*
8. *Don Giovanni*
9. *Così fan tutte*
10. *Otello**

Letture italiane per stranieri

1. Marretta • *Pronto, commissario...? 1*
16 racconti gialli con soluzione
ed esercizi per la comprensione del testo

2. Marretta • *Pronto, commissario...? 2*
16 racconti gialli con soluzione
ed esercizi per la comprensione del testo

3. Marretta • *Elementare, commissario!*
8 racconti gialli con soluzione
ed esercizi per la comprensione del testo

Mosaico italiano

1. Santoni • *La straniera*
2. Nabboli • *Una spiaggia rischiosa*
3. Nencini • *Giallo a Cortina*
4. Nencini • *Il mistero del quadro di Porta Portese*
5. Santoni • *Primavera a Roma*
6. Castellazzo • *Premio letterario*
7. Andres • *Due estati a Siena*
8. Nabboli • *Due storie*
9. Santoni • *Ferie pericolose*
10. Andres • *Margherita e gli altri*

Pubblicazioni di glottodidattica

Celentin, Dolci - *La formazione di base del docente di italiano per stranieri*

I libri dell'Arco

1. Balboni • *Didattica dell'italiano a stranieri*

2. Diadori • *L'italiano televisivo*

3. Micheli • *Test d'ingresso di italiano per stranieri*

4. Benucci • *La grammatica nell'insegnamento dell'italiano a stranieri*

5. AA.VV. • *Curricolo d'italiano per stranieri*

6. Coveri, Benucci e Diadori • *Le varietà dell'italiano*

Bonacci editore

Finito di stampare nel mese di giugno 2001 dalla Tɪʙᴇʀɢʀᴀᴘʜ s.r.l. - Città di Castello (PG)